LE NOUVEAU DELF A1 - *Junior*

DIPLÔME D'ÉTUDES EN LANGUE FRANÇAISE

정일영 지음

신아사

‖ 머리말 ‖

이 책은 고등학생으로서 프랑스어 능력 인증 시험인 DELF A1를 준비하는 학생과 Delf A1을 준비하는 대학생 이상의 성인들을 위한 것이다. 1994년부터 치루어져 온 프랑스어 능력 인증 시험인 DELF(Diplôme D'Études en Langue Française)는 2005년 그 체제가 바뀌면서 차지하는 비중이 매우 높아졌다. 구체적으로, 프랑스 대학으로 유학을 준비하는 학생들의 경우 DELF 자격증을 요구하는 경우가 많아짐으로 해서 유학생들이 프랑스 대학 이상의 과정에 등록을 하기 위해서는 매우 중요한 시험으로 자리 잡고 있다. 이뿐만이 아니라 우리나라 대학의 프랑스 전공 학과의 경우 역시 DELF 자격증을 가지고 있는 수능 시험생들에게 일정한 가산점을 부여하려는 움직임이 있어, 프랑스에 관련된 학과로 진학을 생각하고 있는 수험생들에게도 중요한 요소로 작용할 수 있다. 또한 외국어의 의사소통능력이 점차로 중요시 되고 있는 사회의 움직임에 따라서 대학 졸업과 함께 취업을 준비하는 학생들의 경우 역시 간과할 수 없는 하나의 자격증으로 자리잡고 있다.

DELF의 중요성은 비단 특정한 목적을 위한 사람들 뿐 아니라 자신의 프랑스어 능력에 대한 자아평가를 원하는 사람들에게도 역시 중요하게 작용한다. 외국어를 잘하기 위해서는 듣기, 말하기, 쓰기, 독해의 4가지 요소에 대한 능력을 갖추어야 한다. 그러나 현 프랑스어 교육의 경우 여러 가지 이유로 해서 이 4가지 체계를 적절히 공부할 수 있는 기회를 잡기란 쉽지 않은 것이 사실이다(수능 프랑스어의 경우 외국어에서 중요시 되고 있는 듣기 평가나 구술 평가는 전혀 이루어지지 않는 실정이다). 이런 관점에서 DELF는 균형 있는 프랑스어를 습득하는데 있어 중요한 학습 자료로 활용될 수 있다.

2006년, DELF A1과 A2를 집필하면서 학습자들에게 보다 쉽고도 빨리 프랑스어 학습에 도움을 줄 수 있는 것이 무엇인지를 많이 생각했던 입장에서 이 초보자를 위한 DELF A1이 미력하나마 대학 진학을 준비하는 학생들이나 프랑스어를 이미 공부하고 있는 학습자들에게 프랑스어에 대한 흥미를 유발시킴과 동시에 효율적인 학습능력을 올렸으면 하는 바램이다.

2006년 7월

저 자

목 차

Exercice 2 유형 : 신분, 직업에 관련된 문제 • 54

Exercice 3 유형 : 대화와 삽화의 연관성에 관한 문제 • 73

Exercice 4 유형 : 각종 상황의 대화에 관련된 문제 • 91

DEUXIÈME PARTIE

Exercice 1 유형 : E-mail에 관한 문제 • 117

Exercice 2 유형 : 광고나 안내지에 관한 문제 • 129

Exercice 3 유형 : 자동응답기, 휴대폰 메시지에 관한 문제 • 145

Exercice 4 유형 : 일정표에 관한 문제 • 159

TROISIÈME PARTIE

Exercice 1 유형 : 각종 서류 작성에 관한 문제 • 175

Exercice 2 유형 : 편지 작성에 관한 문제 • 187

QUATRIÈME PARTIE

CD 목차

1번	exerice1의	1	18번	유형4 1	situation1
2번		2	19번	〃	2
3번		3	20번	〃	3
4번		4	21번	〃	4
5번		5	22번	2	situation1
6번		6	23번	〃	2
7번		7	24번	〃	3
8번		8	25번	〃	4
9번	exerice2의	1	26번	3	situation1
10번		2	27번	〃	2
11번		3	28번	〃	3
12번		4	29번	〃	4
13번		5	30번	4	situation1
14번	exerice3의	1	31번	〃	2
15번		2	32번	〃	3
16번		3	33번	〃	4
17번		4			

DELF와 DALF 개요

DELF Junior는 DELF와 DALF를 준비하는 단계라는 관점에서 새로 바뀐 DELF와 DALF의 체제를 알아두는 것이 도움이 되리라 사료된다.
학습과정 시스템과 시험 평가 시스템을 중심으로 구성되어 있는 DELF와 DALF는 응시자의 필요에 따라 그리고 능력에 따라 세분화되어 있는데, 2005년 전반부까지 수준에 맞는 단계를 점차적으로 통과함으로써 평가된 영역들을 누적하여 자격증을 취득할 수 있도록 구성되어 있다.

DELF의 1단계는 프랑스어 능력인증시험 중에 가장 낮은 수준으로서 4개로 이루어져 있고, DELF 2단계는 2개로 구성되어 있다. 또한 고급 프랑스어 능력 시험인 DALF의 경우 4개의 영역으로 세분화되어 있다. 이들 시험은 자신의 의견이나 감정의 표현이 어느 정도인지를 평가하고 있으며, 각 영역마다 시간과 공간에 따른 설정된 상황 속에서 얼마나 대처할 수 있는지를 묻는 상황별 프랑스어 능력테스트 등으로 이루어져 있다.

DELF 2단계는 DELF 1단계의 4개 영역에 모두 합격하여야 응시할 수 있으며, DALF는 DELF 1, 2단계를 통과하였거나, 시험 한 달 정도 전에 실시되는 DALF 예비시험(examen de contrôle d'accès au DALF)을 통과해야만 응시자격이 주어진다. 따라서 DELF와 DALF 시험에 응시자들은 각 영역들의 합격증과 자격증을 자신의 학습능력 수준에 맞게 단계적으로 취득할 수 있으며, 필기시험과 구술시험을 통해 프랑스어에 대한 자신의 능력평가뿐 아니라 수준 향상을 이룰 수 있다.

2005년 전반부까지 실시되었던 DELF와 DALF의 전체적 구성은 아래와 같이 이루어져 있다.

<table>
<tr><td rowspan="6">DELF</td><td rowspan="4">DELF 1단계</td><td>A1</td></tr>
<tr><td>A2</td></tr>
<tr><td>A3</td></tr>
<tr><td>A4</td></tr>
<tr><td rowspan="2">DELF 2단계</td><td>A5</td></tr>
<tr><td>A6</td></tr>
<tr><td rowspan="4">DALF</td><td rowspan="4"></td><td>B1</td></tr>
<tr><td>B2</td></tr>
<tr><td>B3</td></tr>
<tr><td>B4</td></tr>
</table>

1996년부터 2005년 전반기까지 실시되었던 DELF와 DALF의 경우, 해마다 약간의 차이는 있지만 각 단계별 주제 내용 면에서는 거의 동일하다고 볼 수 있다. 그러나 2005년 후반기부터의 DELF와 DALF 시험은 이전의 방식과는 체계 면에서 많은 변화를 보인다. 하지만, 그렇다 하더라도 단계별의 핵심 내용들은 크게 다르지 않을 것이라는 예상이다.

1996년부터 2005년 전반기까지 DELF와 DALF의 단계별 유형분석

1. DELF의 단계별 유형분석

1) A1 : 일상적 표현에 관한 문제

문제방식	문 제 유 형	소요시간
구술시험 : 2	일상생활에서 흔히 일어나는 내용을 중심으로 벌어지는 상황을 녹음 형태로 하여 그 내용을 듣고 물음에 답하기.	약 20분
	일상적인 내용과 관련된 주제를 가지고 면접관과 대화를 하거나 역할을 정해 게임 형태로 진행함으로써 응시자의 구술능력을 테스트 함. (준비시간은 약 30분)	10분
필기시험 : 1	제안이나 초대 형식으로 친한 사람에게 보내는 편지를 직접 작성하게 함으로써 편지의 형식이나 내용에 관한 숙지 능력을 평가함.	45분

2) A2 : 자신의 견해와 감정 표현에 관한 문제

문제방식	문 제 유 형	소요시간
구술시험 : 1	면접관에게 간단한 주제에 대한 자신의 견해를 정리하여 표현하고 자신의 견해에 대한 문제점을 예로 들며 반대의견을 표명하는 면접관의 견해에 대해 자신의 의견을 정당화하는 방식으로 대화를 진행하기	약 10분
필기시험 : 2	텍스트가 주어지고 그 글에서 표현 또는 주장하고자 하는 의견이나 의도 또는 견해를 파악하는 문제로서 응시자가 얼마나 글의 요지 또는 핵심을 정확히 알고 있는지를 묻는 문제	30분
	위에 있는 텍스트에서 문제점을 제시했을 때 그에 대한 자신의 주관적인 의견을 얼마나 논리적으로 전개하는가를 알아보는 문제	45분

3) A3 : 표현력과 이해력에 관한 문제

문제방식	문 제 유 형	소요시간
구술시험 : 1	간단한 자료들에 대한 내용을 분석하는 문제	약 15분
필기시험 : 2	주어진 텍스트의 내용 및 주제를 파악하는 문제	45분
	일상생활에서 흔히 접할 수 있는 내용을 중심으로 편지작성에 관한 문제 (정보, 항의, 구직 등)	45분

4) A4 : 언어의 다양한 기능 및 활용에 관한 문제

문제방식	문 제 유 형	소요시간
구술시험: 1	녹음된 테이프의 내용을 청취한 뒤 주어진 질문에 답하기	약 30분
	1) 발음, 억양, 말하는 태도 등과 관련된 의미 파악	
	2) 세 가지 짧은 대화의 상황에 대한 이해 (대화상대, 문맥, 태도 등)	
	3) 정보 전달의 성격을 지닌 녹음 내용에 대한 이해	
필기시험 : 2	언어 기능의 활용 (이해력과 표현력)	45분
	1) 간략한 상황에 대해 주어진 정보의 이해 및 전달	
	2) 주어진 상황을 읽고 그 내용에 적합한 텍스트 구성	
	3) 다양한 대화 상황에 부합되는 세가지 간단한 메시지 작성	
	4) ① 짧은 문서의 재구성 혹은 완성	
	② 하나의 텍스트 또는 주어진 여러 내용의 재구성	
	③ 그림이나 상황에 맞는 이야기 내지 설명문 작성	

5) A5 : 프랑스와 프랑스어권의 문화에 관한 문제

문제방식	문 제 유 형	소요시간
필기시험: 2	500에서 700단어로 구성된 텍스트 또는 질문지가 주어지고 이를 분석하는 문제	1시간 반
	위에서 제시된 텍스트 안에서 제기되어지는 문제에 대한 응시자의 주관적인 견해를 논리적으로 전개하는 문제	

6) A6 : 구체화된 표현들에 관한 문제

문제방식	문 제 유 형	소요시간
구두시험 : 2	제시된 여러 문제들 중에 응시자가 선택한 특별한 주제에 관해 500에서 700단어로 구성된 텍스트에 관한 문제	30분
	위의 텍스트를 중심으로 시험 담당관과의 질문 및 답변에 관한 문제	

❖A5와 A6에서 응시자가 선택할 수 있는 주제들은 다음과 같다❖

A5	A6
일, 작업, 직장 등에 관한 주제	인문과 사회분야에 관련된 주제
학업, 연구에 관한 문제	경제와 사법분야에 관련된 주제
일상 생활에 관한 문제	수학과 물리학분야에 관련된 주제
문학 또는 예술에 관련된 문제	생명과학분야에 관련된 주제

2. DALF의 단계별 유형 분석

1) B1 : 문어체적 표현과 이해력에 관한 문제

	문 제 유 형	소요시간
필기시험 2	대략 700 단어로 구성된 텍스트를 읽고 200자 내외로 요약하는 문제	2시간 30분
	표현에 관한 문제로 위의 텍스트 또는 서류형식의 글과 관련된 5개의 질문에 대해 간략한 답변을 묻는 문제	

2) B2 : 듣기평가에 관련된 문제

	문 제 유 형	소요시간
구술시험 1	3분 동안 녹음된 테이프 2를 듣고 여기에서 언급하는 내용과 관련한 내용을 묻고 답하는 이해력의 문제	30분

3) B3 : 작문 또는 기사에 관련된 표현과 이해력에 관한 문제

	문 제 유 형	소요시간
필기시험 2	시험을 주관하는 곳에서 제시한 목록 안에서 응시자가 선택한 작문 또는 기사에서 다루는 전체적인 내용에 대해 700 단어 내외로 요약하는 문제	2시간 30분
	위에서 제시된 작문이나 기사 또는 이와 관련된 내용을 중심으로 한 5개의 질문에 대해 요약된 간략한 답변의 문제	

4) B4 : 전문성을 띈 주제에 관한 응시자의 의견 표명에 관한 문제

	문 제 유 형	소요시간
구두시험 1	시험주체기관에서 심사 담당관과의 협의를 거친 제시 목록 안에서 응시자가 선택한 내용에 해당하는 주제에 대한 응시자의 주관적 입장과 의견을 표명하는 문제	30분

❖B3와 B4 단계에서 제시되어지는 주제들❖

인문과학과 사회과학에 관련된 주제들	수학과 물리학문에 관련된 주제들
경제분야와 사법분야에 관련된 주제들	생명과학에 관련된 문제들

2005년 후반기부터 실시되는 DELF와 DALF의 단계별 유형분석

1. DELF의 단계별 유형분석

1) A1

<table>
<tr><th colspan="2">문 제 유 형</th><th>소요시간</th></tr>
<tr><td>듣기 1</td><td>일상생활에서 흔히 발생하는 상황을 녹음한 세 개 내지 네 개의 아주 짧은 내용과 관련하여 이를 듣고 내용을 이해하는지를 묻는 문제</td><td>20분</td></tr>
<tr><td>독해 1</td><td>일상생활에 밀접하게 관련된 상황들을 적은 네 개 내지 다섯 개의 내용들과 관련하여 이를 이해하는 지를 묻는 문제</td><td>30분</td></tr>
<tr><td rowspan="2">쓰기 1</td><td>쪽지나 카드, 또는 형식을 갖춘 신청용지를 완성하는 문제</td><td rowspan="2">30분</td></tr>
<tr><td>일상생활에 관련된 주제에 대해 간단한 문장 (우편엽서, 메시지, 삽화의 설명문)을 작성하는 문제</td></tr>
<tr><td rowspan="3">말하기 1</td><td>시험담당관의 주도 하에 묻고 답하는 형식의 대화</td><td rowspan="3">5-7분</td></tr>
<tr><td>정보의 교환</td></tr>
<tr><td>가상으로 상황을 정해놓고 하는 시뮬레이션 대화</td></tr>
</table>

2) A2

<table>
<tr><th colspan="2">문 제 유 형</th><th>소요시간</th></tr>
<tr><td>듣기 1</td><td>일상생활에서 흔히 발생하는 상황을 녹음한 세 개 내지 네 개의 아주 짧은 내용과 관련하여 이를 듣고 내용을 이해하는지를 묻는 문제</td><td>25분</td></tr>
<tr><td>독해 1</td><td>일상생활에 밀접하게 관련된 상황들을 적은 세 개 내지 네 개의 내용들의 텍스트와 관련하여 이를 이해하는지를 묻는 문제</td><td>30분</td></tr>
<tr><td rowspan="3">쓰기 1</td><td>친구에게 쓰는 편지 또는 메시지와 같은 간략한 글을 작성하는 문제로서 다음 두 가지의 내용으로 구성됨</td><td rowspan="3">45분</td></tr>
<tr><td>어떤 사건이나 개인적인 경험을 기술함</td></tr>
<tr><td>초대, 감사, 사과, 요구, 정보, 축하를 위한 글 작성</td></tr>
<tr><td rowspan="3">말하기 1</td><td>시험담당관의 주도 하에 묻고 답하는 형식의 대화</td><td rowspan="3">6-8분</td></tr>
<tr><td>시험 응시자 혼자 독백하기</td></tr>
<tr><td>대화 능력을 알아보기 위한 테스트</td></tr>
</table>

3) B1

문 제 유 형		소요시간
듣기 1	녹음된 세 개의 자료들을 듣고 이를 근거로 듣고 내용을 이해하는지를 묻는 문제	25분
독해 1	주어진 자료와 관련하여 유용한 정보를 찾아낼 수 있는지의 문제를 제시함으로써 자료를 이해하고 있는가를 묻는 문제	35분
	일반적인 관심에 관한 자료의 내용을 분석하는 문제	
쓰기 1	일반적인 주제에 대한 주관적인 입장을 표명하는 문제 (수필, 편지, 기사 등)	45분
말하기 1	시험담당관의 주도 하에 묻고 답하는 형식의 대화	15분
	대화 능력을 알아보기 위한 테스트	
	제시된 자료로부터 그 내용에 관한 응시자의 관점을 표명하는 문제	

4) B2

문 제 유 형		소요시간
듣기 1	녹음된 두 개의 자료들을 듣고 이를 근거로 듣고 내용을 이해하는지를 묻는 문제 - 인터뷰, 정보에 관한 보고서 - 발표문, 회의기록, 연설원고, 문서, 라디오 또는 TV방송	약30분
독해 1	글로 쓰인 두 개의 문서의 내용을 이해하는 지에 대해 묻는 문제 - 프랑스 또는 프랑스어권 나라들과 관련된 정보가 실린 글 - 논지에 관계된 글	1시간
쓰기 1	토론, 공식편지, 비평 등의 글과 같이 개인적적인 입장에서 논지를 펼치는 문제	1시간
말하기 1	간략한 문서로부터 의견을 표명하거나 의견을 수호하는 방식	20분

2. DALF의 단계별 유형 분석

1) C1

문제 유형		소요시간
듣기 1	녹음된 문서들을 듣고 그 내용을 이해하는지 묻는 문제 – 수업, 강연회 등과 같이 대략 8분 정도 시간이 소요되는 긴문서(두번듣기) – 정보, 여론조사, 광고성의 라오디에서 방송되는 간략하면서도 다양한 내용들	약40분
독해 1	문학적인 글 또는 신문의 논고와 같은 글을 보고 그 내용을 이해하는 지 묻는 문제	50분
쓰기 1	두 부분으로 나뉜다. – 대략 전체 1000단어 정도로 구성된 여러 개의 글에 대한 종합분석 – 글의 내용에서부터 논거를 세우는 습작	2시간30분
말하기 1	여러 개의 글로부터 발표문을 작성하고 그 내용에 관해 감독관과 함께 토의를 하는 문제로서 후보자는 문학, 인문과학, 과학 중 두 영역을 선택함	30분

2) C2

문제 유형		소요시간
듣기와 말하기	– 녹음된 글의 내용을 이해하는지를 묻는 문제(두번듣기) – 글에서 제시된 문제점에 대해 개인적인 소견 말하기 – 감독관과의 토론 문학, 인문과학, 과학 중 후보자가 두 개를 선택함	약 30분
독해와 글쓰기	– 기사, 논고, 보고서, 연설문 등 대략 2000 단어로 구성된 글을 보고 체계적인 구정을 갖춘 글쓰기 문학, 인문과학, 과학 중 후보자가 두 개를 선택함	3시간30분

지금까지의 DELF와 DALF의 앞으로의 차이점

1. 1996년부터 2005년까지의 DELF와 DALF

1) 자격증

지금까지의 DELF와 DALF의 자격증은 모두 3개이다.
DELF : 총 2개 (A1-A4 : 1, A5-A6 : 1)
DALF : 총 1개 (B1-B4 : 1)

각 단계별로 합격했을 경우 합격증(attestation)을 받을 수 있지만, 자격증(diplôme)은 총 3가지다. DELF의 경우, A1-A4까지의 1단계를 모두 통과해야만 2단계인 A5-A6 시험에 응시할 자격이 주어진다. DALF의 경우는 앞에서 언급한 것처럼 DELF 1, 2단계를 모두 통과했거나 DALF 예비시험에 합격한 자에 한해 응시할 수 있다.
학생들이 많이 혼동하는 것이 DELF의 A1-A2를 먼저 붙고 그 후에 A3-A4와 같은 시험을 응시할 수 있다고 생각하는데, 그것은 잘못된 것이며 순서에 상관없이 단계별로 합격하게 되는 경우 상위 단계의 시험을 응시할 수 있다.
DALF의 경우는 B1-B4 단계까지 모두 합격해야 학위증을 취득할 수 있다.

2) 합격점수

먼저 배점의 경우를 살펴보자. 지금까지의 시험에서는 각 단계별로 20점 만점이었으며 이 중 10점이 넘으면 합격이었다.

3) 구성내용

현재까지의 각 단계의 구성은 세분화되어져 있다. 즉 쓰기, 말하기, 듣기, 독해의 영역들이 각 단계별로 나뉘어져 있는 것이 그 특징이다. 따라서 가장 기초적인 단계인 A1의 경우 듣기와 말하기 그리고 편지 작성 등의 내용으로 이루어져 있는 반면, A2의 경우 자기의 의견을 표명하는 구술 방식이나 텍스트를 주어지고 그 텍스트 안에서 말하고자 하는 내용의 파악과 더불어 문제점 등을 분석하는 조금 더 난이도가 있는 문제로 구성되어져 있다. DELF 1단계의 가장 난이도가 있는 A4의 경우, 듣기평가 및 작문 등으로 이루어져 있는데, 듣기평가의 경우, 난이도가 비교적 낮은 A1-A3에는 없는 것이 그 특징이다.

2. 2005년 이후의 DELF와 DALF

1) 자격증

자격증의 수는 총 6개가 된다.
DELF : 총 4개 (A1 : 1, A2 : 1, B1 : 1, B2 : 1)
DALF : 총 2개 (C1 : 1, C2 : 1)

2) 합격점수

각 단계별로 만점이 100점인데, 이는 각 단계를 구성하고 있는 쓰기, 말하기, 듣기, 그리고 독해의 4분야가 각 25점의 배점을 가지며, 합격을 하기 위해서는 총점수가 50점 이상이 되어야 한다. 이 중 4분야에서 모두 최소 5점 이상의 점수를 받아야 합격을 한다.

3) 구성내용

각 단계별로 쓰기, 듣기, 말하기, 독해의 4가지 특성이 다 포함되어 있다. 이전까지는 내가 듣기에 취약하다면, 듣기 평가가 있는 단계는 미뤄두고, 자신 있는 분야의 단계를 응시 할 수 있었다. 반면 앞으로는 위 4가지 기본 특성들이 각 단계에 다 포함되어 있기 때문에 이런 방법을 사용해서는 학위증을 취득할 수 없게 된다.

실전예제 및 풀이

A1의 구성내용

문제의 특성	소요시간	점 수
듣기평가 (Compréhension de l'oral) 일상생활에서 흔히 발생할 수 있는 상황에 초점을 맞춘 셋 또는 네 개의 아주 짧은 내용으로 구성된 녹음을 듣고 이를 이해하고 있는지에 대한 질문에 답하는 형식 녹음 내용은 최대 3분	대략 20분	25점
독해평가 (Compréhension des écrits) 일상생활에서 흔히 접할 수 있는 상황에 초점을 맞춘 넷 또는 다섯 개의 내용을 중심으로 한 글을 읽고 정확히 그 내용을 이해하고 있는 지를 묻는 질문에 대해 답하는 형식	30분	25점
쓰기평가 (Production écrite) 두 부분으로 나누어 평가한다 : – 짤막한 쪽지나 표 (fiche), 또는 신청용지 (formulaire)에 알맞은 내용으로 빈칸 채우기 – 일상생활에 관계되는 주제에 관해 간단한 문장을 이용하여 작문하기 (우편엽서 : carte postale, 메시지 : message, 간단한 그림에 대한 내용 : légende)	30분	25점
구술시험 (Production orale) 세부분으로 나누어 평가한다 : – 시험 감독관과의 질의응답 형식 – 정보의 교환 – 가상으로 상황을 정해놓고 진행하는 시뮬레이션 대화	5-7분 (10분의 준비시간)	25점

PREMIÈRE PARTIE

듣기평가(Compréhension de l'oral)

4가지 유형으로 분류된 각 상황과 관련된 카세트에 녹음된 내용들을 듣고 주어진 문제에 답하는 문제로서 비록 2~3줄로 구성되어 있지만 듣는 연습이 절대적으로 부족한 현 교육 환경을 고려할 때 학생들이 당황할 수 있는 유형의 문제다. 각 유형별의 문제 유형과 핵심사항을 정리하면 다음과 같다.

CONTENT

Exercice 1 유형 : 안내방송에 관련된 문제
Exercice 2 유형 : 직업, 신분에 관련된 문제
Exercice 3 유형 : 대화와 삽화의 연관성에 관한 문제
Exercice 4 유형 : 각종 상황의 대화에 관련된 문제

Répondez aux questions en cochant (☒) la bonne réponse, ou en écrivant l'information demandée.
(옳은 답에 ☒를 하거나 요구하는 내용의 정보를 글로 써서 질문에 답하시오)

1. répondre 대답하다

je	tu	il, elle	nous	vous	ils, elles
réponds	réponds	répond	répondons	répondez	répondent
자동사	répondre poliment [친절하게 대답하다] Il n'a pas répondu. [그는 대답을 하지 않았다]				
타동사	répondre à une question [질문에 대답하다]				

2. 전치사 à + 정관사

à	남성단수	**au**	Je vais	au magasin.	[나는 상점에 간다]
	여성단수	**à la**		à la bibliothèque.	[도서관에 간다]
	모음, 묵음의 h	**à l'**		à l'école.	[학교에 간다]
	남여 복수	**aux**		aux États-Unis.	[미국에 간다]

3. la question

질 문	poser la question	[질문을 하다]
문 제	la question d'argent Il est hors de question.	[돈 문제] [그건 말할 여지가 없어]

4. gérondif : en + 현재분사

원 인	En voyant cet accident dans la rue, il ne veut plus sortir. [길에서 이 사고를 보고는 그는 더 이상 외출하고 싶어하지 않는다]
조 건	Elle réussirait mieux, en s'y prenant autrement. [그것을 다르게 생각한다면 그녀는 더 성공할텐데]
동시성	Il mange en regardant la télé. [그는 TV를 보면서 먹는다]
방 법	Je chasse la peur en chantant. [노래를 함으로써 두려움을 쫓는다]

5. 정관사

남성단수 앞	**le**	le père [아버지]	le frère [형제]
여성단수 앞	**la**	la mère [어머니]	la sœur [자매]
모음, 묵음의 h	**l'**	l'ami [남자친구]	l'hôtel [호텔]
남, 여 복수	**les**	les étudiants [학생들]	les femmes [여인들]

1) 전치사 de에 의해 한정되는 명사 앞

C'est un livre. [그것은 책입니다]

C'est le livre de Paul. [그것은 (다른 사람이 아닌) 뽈의 책입니다]

2) 앞에서 언급되었던 명사가 반복될 때

Un chien aboie. Le chien est à mon voisin.

[어떤 개가 짖고 있다. 그 개는 내 이웃의 것이다]

3) 대화자들이 서로 어떤 것을 얘기하는지에 대해 알고 있는 명사 앞

Passe-moi le livre, s'il te plaît! [그 책 좀 줘!]

4) 신체의 일부와 같이 소유자가 명확한 경우 소유형용사대신 사용

J'ai mal à la tête. [나 머리가 아파]

6. bon(ne)

좋 은	Bonne année! avoir bon pied	[새해 복 많이 받으세요!] [다리가 튼튼한]
즐거운	Bon voyage! passer de bonnes vacances	[즐거운 여행 되시길!] [즐거운 방학을 보내다]
알맞은	au bon moment	[알맞은 시기에]

■ 형용사의 여성형

-on → -onne	bon 좋은 → bonne	mignon 귀여운 → mignonne

Vous allez entendre deux fois un document. Vous aurez 30 secondes de pause entre les 2 écoutes puis 30 secondes pour vérifier vos réponses. Lisez d'abord les questions.
(당신은 하나의 자료를 두 번씩 듣게 될 것입니다. 두 번을 듣는 사이에 30초간의 여유가 있은 후, 당신 답변을 확인하는데 30초가 주어집니다. 우선 문제들을 읽으세요)

1. vous : 주어인칭대명사

1인칭 단수	je 나는		1인칭 복수	nous 우리는	
2인칭 단수	tu 너는		2인칭 복수	vous 당신, 너희가	
3인칭 단수	il 그는	elle 그녀는	3인칭 복수	ils	elles

- 2인칭 복수의 vous는 상대방이 두 사람 이상인 경우에 사용하지만, 상대방을 잘 알지 못하거나, 나이가 많거나 사회적으로 존경의 대상이 되는 경우 한 사람이라도 존칭의 의미로 사용한다.

단 수	Comment allez-vous? [당신 어떻게 지내요?]	Je vais bien. [잘 지내요]
복 수	Vous allez où? [너희들 어디 가니?]	Nous allons à l'école. [우리는 학교에 간다]

2. aller

je	tu	il, elle	nous	vous	ils, elles
vais	vas	va	allons	allez	vont
~에 가다	Où vas-tu? [너 어디 가니?] Je vais à l'école. [나 학교에 가]				
안 부	Comment allez-vous? [어떻게 지내세요?] Je vais bien. [잘 지내요]				
근접미래	Il va partir. [그는 곧 떠날꺼야]				

3. entendre

j'	tu	il, elle	nous	vous	ils, elles
entends	entends	entend	entendons	entendez	entendent
들리다	Je vous entends mal. Parlez plus fort. [잘 안들려요. 크게 말하세요]				

4. deux

1	2	3	4	5
un	deux	trois	quatre	cinq
6	7	8	9	10
six	sept	huit	neuf	dix
11	12	13	14	15
onze	douze	treize	quatorze	quinze
16	17	18	19	20
seize	dix-sept	dix-huit	dix-neuf	vingt

5. fois

번, 회	une fois sur deux [두 번에 한 번] deux fois par semaine [일주일에 두 번]	plusieurs fois [여러 번] prochaine fois [다음 번]

6. avoir [~을 가지고 있다]

	j'	tu	il, elle	nous	vous	ils, elles
현 재	ai	as	a	avons	avez	ont
J'ai une maison. [나는 집을 가지고 있어요]						

7. la seconde

초	dans une seconde [곧] Attendez une seconde! [잠깐 기다려요!]
2등	voyager en seconde [2등칸으로 여행하다]

PREMIÈRE PARTIE : Exercice 1 유형

안내방송에 관련된 문제

내 용	- 축구, 테니스와 같은 운동 경기의 자리 예약 또는 중계 - 경연대회나 특별한 이벤트에 대한 참가 신청 - 영화이나 연극 또는 콘서트와 같은 공연 자리 예약 - 비행기나 기차와 같은 자리 예약
핵 심	- 어떤 유형의 예약인지를 파악 - 장소 명칭 - 예약 방법 - 전화번호와 같은 숫자

1. 축구 경기에 관한 안내

예 제

COMPRÉHENSION DE L'ORAL

Répondez aux questions en cochant (☒) la bonne réponse, ou en écrivant l'information demandée.

Vous allez entendre deux fois un document. Vous aurez 30 secondes de pause entre les 2 écoutes puis 30 secondes pour vérifier vos réponses. Lisez d'abord les questions.

1. Vous voulez réserver vos places pour le match de football de PSG. Répondez aux questions.

1) Pour réserver la place, vous ______.
- ☐ regardez la télé.
- ☐ allez sur place.
- ☐ téléphonez.

2) Quand est-ce qu'il vaut mieux réserver la place?
- ☐ tout de suite.
- ☐ un peu plus tard.
- ☐ beaucoup plus tard.

3) Complétez le numéro de téléphone : 01 42 ______ 21 ______.

해석 및 분석

청취내용

Le prochain match de football entre PSG et l'OM aura lieu aux parcs des Princes le 12 mai. Réservez dès maintenant vos places. Téléphonez au 01 42 54 21 75.
파리 쌩 제르맹과 올림픽 마르세이유의 다음 축구 경기가 5월 12일 팍크 데 프랭스에서 열릴 예정입니다. 바로 지금 예매하세요. 01 42 54 21 25로 전화주세요.

1. prochain

가까운	dans un avenir prochain [가까운 장래에]
다음의	lundi prochain [다음 주 월요일] la semaine prochaine [다음 주] à la prochaine fois! [다음 주에 보자!] descendre à la prochaine station [다음 역에서 내리다]

2. le match

시합, 경기	le match de boxe [복싱경기] faire match nul [비기다] match de championnat [리그전]

3. entre

둘	(공간) 사이에	la distance entre Paris et Lyon [파리와 리용 간 거리]
	(시간) 사이에	entre 10 h et 11 h [10시와 11시 사이에]
여럿	~ 사이에	dîner entre amis [친구끼리의 저녁 식사]
	~ 중에	d'entre eux [그들 중에]

4. 단순미래

	j'	tu	il, elle	nous	vous	ils, elles
avoir	**aurai**	**auras**	**aura**	**aurons**	**aurez**	**auront**

5. le parc

공 원	se promener dans le parc [공원을 산책하다] parc national [국립공원]
주차장	garer sa voiture dans un parc [주차장에 차를 두다] parc de stationnement payant [유료주차장]

6. 전치사 de와 정관사의 결합 vs 부정관사의 복수간의 구분

	부정관사	전 치 사
구조상의 특성	동사 + des + 명사 Ce sont des étudiants.	명사 + des + 명사 Ce sont les livres des étudiants.
의미상의 특성		소유 : ~의 C'est la voiture de Paul. [뽈의 차다]

7. réserver

남겨두다	Il a réservé la moitié de cette somme pour acheter des livres. [그는 책을 사려고 돈의 반을 떼어 두었다]
예약하다	réserver sa place dans le train [기차의 좌석을 예약하다]

■ 명령법 : 2인칭 단수와 복수 그리고 1인칭 복수에 한정된 문장의 유형이다.

2인칭 단수	**-s**	Finis ce travail jusqu'à demain. [내일까지 이 일을 끝내]
2인칭 복수	**-ez**	Venez demain matin. [내일 아침에 오세요]
1인칭 복수	**-ons**	Allons-y! [가자!]

■ 2인칭 단수의 경우 1군 동사 (-er) 면 -s를 뺀다. 그러나 뒤에 오는 단어가 모음으로 시작하면 다시 -s를 사용한다.

Mange cette pomme! [이 사과를 먹어!]
Manges-en! [이것을 먹어!]

8. dès와 depuis

dès와 depuis는 둘 다 시간 속에서 출발점을 나타내지만, dès가 행위나 사건이 즉각적으로 발생하는 것을 나타내는 반면 depuis는 행위나 사건이 지속되는 경우에 사용된다.

Il travaille dès 5 heures du matin. [그는 아침 5시부터 일한다]
J'habite à Paris depuis 3 ans. [나는 3년 전부터 파리에 살고 있다]

9. maintenant

지금, 현재	Maintenant, c'est votre tour. [이제 당신 차례입니다]
전치사	à partir de maintenant [지금부터] jusqu'à maintenant [지금까지]
자, 이제	Maintenant, revenons à notre sujet. [자 이제 본론으로 돌아갑시다]

10. vos : 2인칭 복수의 소유 형용사

남, 여 단수	남, 여 복수
votre mari [당신 남편] votre fille [당신 딸]	vos livres, vos voitures

11. la place

자 리	changer sa chaise de place [의자의 위치를 바꾸다]
공 간	Ce meuble tient beaucoup de places. [이 가구는 공간을 많이 차지한다]
좌 석	Il a cédé sa place à une personne âgée [노인에게 자리를 양보했다]
광 장	La mairie se trouve sur la place du village. [시청은 마을 광장에 위치해 있다]
입 장	Mettez-vous à ma place. [내 입장이 되어 보세요]

12. téléphoner (à)

(~에게) 전화하다	Je téléphone à ma mère tous les jours. [나는 어머니께 매일 전화를 드린다]

■ 전치사 à를 요구하는 간접타동사들

à	parler à Marie	마리에게 말하다
	penser à l'avenir	미래에 대해 생각하다
	obéir à la loi	법에 따르다
	téléphoner à Jean	장에게 전화하다

문제 풀이

1. Vous voulez réserver vos places pour le match de football de PSG. Répondez aux questions.
(당신은 PSG(Paris Saint-Germain)의 축구 경기를 위한 자리를 예약하길 원합니다. 다음 질문에 답하시오.)

1) Pour réserver la place, vous _______ : 자리를 예약하기 위해서 당신은 _______

☐ regardez la télé. [TV를 본다]
☐ allez sur place. [현장에 간다]
☒ téléphonez. [전화를 한다]

2) Quand est-ce qu'il vaut mieux réserver la place?
: 자리를 언제 예약하는 것이 좋은가?

☒ tout de suite. [즉시]
☐ un peu plus tard. [조금 후에]
☐ beaucoup plus tard. [한참 후에]

3) Complétez le numéro de téléphone. : 전화번호를 완성하시오.
→ 01 42 54 21 75.

2. 테니스 경기에 관한 안내

예 제

COMPRÉHENSION DE L'ORAL

Répondez aux questions en cochant (☒) la bonne réponse, ou en écrivant l'information demandée.

Vous allez entendre deux fois un document. Vous aurez 30 secondes de pause entre les 2 écoutes puis 30 secondes pour vérifier vos réponses. Lisez d'abord les questions.

2. Vous voulez réserver vos places pour le match de sport. Répondez aux questions.

1) Il y aura un match de ________ à Roland Garros.

☐ tennis
☐ football
☐ basketball

2) Vous devez ________ pour réserver vos places.

☐ travailler
☐ téléphoner
☐ écrire

3) Complétez le numéro de téléphone : 01 ____ 45 ____ 41.

해석 및 분석

청취내용

Le prochain match de tennis à Paris aura lieu à Roland Garros le 21 juin prochain. Pour réserver vos places, téléphonez au 01 48 45 31 41.
파리에서 벌어지는 다음 테니스 경기는 6월 21일 롤랑 갸로스에서 개최될 예정입니다. 자리를 예약하기 위해선 01 48 45 31 41로 전화하세요.

1. le lieu

장 소	lieu de passage [통로] lieu de travail [직장]	la date et le lieu [날짜와 장소]
표 현	au lieu de + 동사원형 [~하는 것 대신에]	avoir lieu [행해지다]

2. pour

행선지 : ~를 향하여	Ce train va pour Paris? [이 기차는 파리행입니까?]
예 정	Le concert est pour demain. [콘서트는 내일 예정이다]
목적, 용도	Il faut manger pour vivre. [살기 위해 먹어야 한다]
결과 : ~하기에는	Il est trop jeune pour faire ça. [이것을 하기에 그는 너무 어리다]
댓가, 교환	J'ai acheté cette robe pour dix euros. [나 이 치마 100프랑 주고 샀어]

문제 풀이

2. Vous voulez réserver vos places pour le match de sport. Répondez aux questions.
(테니스 대회에 자리를 예약하길 원합니다. 질문에 답하시오.)

1) Il y aura un match de _____ à Roland Garros.
: 롤랑 갸로스에서 _____경기가 있을 예정이다.

☒ tennis [테니스]
☐ football [축구]
☐ basketball [농구]

2) Vous devez _____ pour réserver vos places. : 자리를 예약하기 위해서는 _____.

☐ travailler [일을 한다]
☒ téléphoner [전화한다]
☐ écrire [편지를 쓴다]

3) Complétez le numéro de téléphone : 전화번호를 완성하시오.
→ 01 48 45 31 41

3. 마라톤 경기에 관한 안내

예 제

COMPRÉHENSION DE L'ORAL

Répondez aux questions en cochant (☒) la bonne réponse, ou en écrivant l'information demandée.

Vous allez entendre deux fois un document. Vous aurez 30 secondes de pause entre les 2 écoutes puis 30 secondes pour vérifier vos réponses. Lisez d'abord les questions.

3. Vous voulez participer à ce marathon. Répondez aux questions.

1) Ce marathon aura lieu __________ :
- ☐ le 6 mai.
- ☐ le 16 mai.
- ☐ 26 mai.

2) Vous téléphonez pour __________ :
- ☐ voir ce marathon.
- ☐ participer à ce marathon.
- ☐ supporter ce match.

3) Complétez le numéro : 01 48 _____ 78 _____

해석 및 분석

청취내용

Le maraton de Paris aura lieu aux Champs-Elysées le 6 mai. Pour y participer, téléphonez au 01 48 65 78 21.
5월 6일 샹젤리제 거리에서 파리 마라톤이 개최될 예정입니다. 여기에 참가하려면 01 48 65 78 21로 전화하세요.

1. y

■ 전치사 à가 선행하는 무생물을 나타낸다.

Tu participes à cette réunion?	Oui. j'y participe.
[너 이 회의에 참석할꺼야?]	[응, 거기에 참석할꺼야]
Elle s'intéresse à la soirée dansante?	Oui, elle s'y intéresse.
[그녀는 무도회에 관심이 있니?]	[응, 그것에 관심있어해]

■ 상황을 나타내는 장소 또는 예정지를 나타내기도 한다.

Vous allez à Paris?	Oui, j'y vais.
[당신 파리에 갑니까?]	[예, 그곳에 갑니다.]
Il rentre chez lui?	Non. il n'y rentre pas.
[그는 자기 집으로 돌아가니?]	[아니, 그곳으로 가지 않아]

2. participer

참가하다	participer à la grève	[파업에 참가하다]
관여하다	participer aux frais	[비용을 분담하다]

문제 풀이

3. Vous voulez participer à ce marathon. Répondez aux questions.
(이 마라톤에 참가하고 싶습니다. 질문에 답하시오.)

1) Ce marathon aura lieu _____ : 이 마라톤은 _____ 열릴 예정이다.

☒ le 6 mai. [5월 6일]
☐ le 16 mai. [5월 16일]
☐ 26 mai. [5월 26일]

2) Vous téléphonez pour _____ : 당신은 _____ 위해 전화 하세요.

☐ voir ce marathon. [이 마라톤을 구경하기]
☒ participer à ce marathon. [이 마라톤에 참가하기]
☐ supporter ce match. [이 마라톤을 응원하기]

3) Complétez le numéro : 번호를 완성하시오.

→ 01 48 65 78 21.

4. 특정 직업에 관련된 마라톤에 관한 안내

예 제

COMPRÉHENSION DE L'ORAL

Répondez aux questions en cochant (☒) la bonne réponse, ou en écrivant l'information demandée.

Vous allez entendre deux fois un document. Vous aurez 30 secondes de pause entre les 2 écoutes puis 30 secondes pour vérifier vos réponses. Lisez d'abord les questions.

4. Vous voulez participer à ceffe course. Répondez aux questions.

1) La date de la course est ________ :

☐ le 5 juin.
☐ le 5 juillet.
☐ le 5 janvier.

2) Le point de départ est ________ .

3) Les participants de cette course doivent porter l'uniforme de :

☐ tennis.
☐ café.
☐ football.

해석 및 분석

청취내용

La course des Serveurs et Serveuses de Café aura lieu à Paris le 5 juin. Le point de départ sera à l'Hôtel de Ville. Pour y participer il faut porter l'uniforme d'un serveur café.
카페 종업원들 마라톤 경주가 파리에서 6월 5일에 개최될 예정입니다. 출발지점은 시청이 될 것입니다. 여기에 참가하려면 카페 종업원 유니폼을 착용해야 합니다.

1. la course

단수 : 경주	course de cent métres (d'obstacles) [100미터(장애물) 경주]
복수 : 쇼핑	aller faire des courses [장보러 가다]

2. serveur(serveuse)

■ 명사의 여성형

-eur의 경우 -euse인지 -rice인지 구분하기가 쉽지 않은데, -ter 또는 -ir로 끝나는 동사에서 파생된 명사의 여성형 어미는 -teuse이다 :

porter [운반하다] → porteur / porteuse
mentir [거짓말하다] → menteur / menteuse

-eur	-(t)euse	chanteur → chanteuse [가수]	danseur → danseuse [무용가]
	-trice	acteur → actrice [배우]	directeur → directrice [책임자]

3. le point

지 점	le point d'arrivée	[도착지점]
요 점	Sur ce point, tu as raison.	[그 점에 있어서는 네가 옳아]
득 점	marquer un point avoir douze points sur vingt	[득점하다] [20점 중에 12점을 받다]
구둣점	point d'interrogation	[의문부호]

4. le départ

출 발	jour (heure) du départ [출발날짜(시간)]
출항, 이륙	quai du départ [발차 플랫폼] Attention au départ! [출발 주의!]

5. il faut [~해야만 한다]

+ 동사원형	Il faut partir tout de suite. [즉시 떠나야 한다]
+ que + 접속법	Il faut que tu partes. [너는 떠나야만 한다]

문제 풀이

4. Vous voulez participer à ceffe course. Répondez aux questions.
(당신은 이 경주에 참가하려고 합니다. 질문에 답하시오.)

1) La date de la course est : 경주 날짜는 ______이다.

☒ le 5 juin. [6월 5일]
☐ le 5 juillet. [7월 5일]
☐ le 5 janvier. [1월 5일]

2) Le point de départ est : 출발지점은 ______이다.

L'Hôtel de ville. [시청]

3) Les participants de cette course doivent porter l'uniforme de :
이 경주의 참가자들은 ______의 유니폼을 입어야 한다.

☐ tennis. [테니스]
☒ café. [카페]
☐ football. [축구]

5. 공연 예약에 관련된 안내

예 제

COMPRÉHENSION DE L'ORAL

Répondez aux questions en cochant (☒) la bonne réponse, ou en écrivant l'information demandée.

Vous allez entendre deux fois un document. Vous aurez 30 secondes de pause entre les 2 écoutes puis 30 secondes pour vérifier vos réponses. Lisez d'abord les questions.

5. Vous voulez réserver vos places pour le concert de Céline Dion. Répondez aux questions.

1) Le concert aura lieu :
- ☐ le 9 septembre.
- ☐ le 9 octobre.
- ☐ le 9 novembre.

2) Complétez le numéro : 01 _____ 86 58 _____

3) Pourquoi doit-on se dépêcher?
- ☐ Parce que c'est gratuit.
- ☐ Parce que les places sont limitées.
- ☐ Parce que vous êtes en retard.

해석 및 분석

청취내용

Le prochain concert de Céline Dion aura lieu à l'Olympia le 9 septembre prochain. Pour réserver vos places, téléphonez au 01 47 86 58 95. Dépêchez-vous, car les places sont limitées. 셀린 디옹의 다음 콘서트가 올림피아에서 9월 9일날 열릴 예정입니다. 자리를 예약하기 위해서는 01 47 86 58 95로 전화하세요. 서두르세요, 자리가 한정되어 있으니까요.

1. le concert

연주회	aller au concert [음악회에 가다] donner un concert [공연하다]

2. se dépêcher [서두르다]

서두르다	Dépêchez-vous! [서두르세요!]
	Il se dépêche de rentrer. [그는 서둘러 귀가한다]

■ 대명동사

대명동사란 주어와 동일한 사람이나 사물을 나타내는 보어인칭대명사가 선행하는 동사를 의미하며 복합시제일 때 조동사는 항상 être이다.

◆ 본유적 대명동사 : 대명동사의 형태로만 존재하는 동사들	
s'en aller [가다]	se souvenir de [~을 기억하다]
◆ 재귀적 대명동사 : 행위의 결과가 주어에게 돌아오는 경우	
se lever [일어나다]	se laver [씻다]
◆ 상호적 대명동사 : 주어는 항상 복수이며 상호성의 의미를 포함한다	
s'aimer [서로 좋아하다]	se rencontrer [서로 만나다]
◆ 수동적 대명동사 : 수동의 의미를 갖는 동사들	
se vendre [팔리다]	

3. car

parce que ~ 때문에	L'enfant pleure parce qu'il a faim. [아이는 배가 고프기 때문에 운다]
puisque ~인 이상	Puisque vous le dites, je resterai. [그렇게 말씀하신 이상 제가 남을께요]
car 그 까닭은	Il n'est pas venu, car il est malade. [그는 오지 않았는데 그 까닭은 아프기 때문이다]

4. limité(e)

제한된	surface limitée [제한된 면적] édition à tirage limité [한정판]

문제 풀이

5. Vous voulez réserver vos places pour le concert de Céline Dion. Répondez aux questions.
(쎌린 디옹의 콘서트에 자리를 예약하려고 합니다. 질문에 답하세요.)

1) Le concert aura lieu : 콘서트는 ___ 열릴 예정이다.

☒ le 9 septembre.
☐ le 9 octobre.
☐ le 9 novembre.

2) Complétez le numéro : 번호를 완성하시오.

→ 01 47 86 58 95.

3) Pourquoi doit-on se dépêcher? : 왜 서둘러야 하는가?

☐ Parce que c'est gratuit. [무료기 때문이다]
☒ Parce que les places sont limitées. [자리가 한정되어 있기 때문이다]
☐ Parce que vous êtes en retard. [늦었기 때문이다]

6. 연주회 예약에 관련된 안내

예 제

COMPRÉHENSION DE L'ORAL

Répondez aux questions en cochant (☒) la bonne réponse, ou en écrivant l'information demandée.

Vous allez entendre deux fois un document. Vous aurez 30 secondes de pause entre les 2 écoutes puis 30 secondes pour vérifier vos réponses. Lisez d'abord les questions.

6. Vous voulez réserver vos places pour le concert de l'orchestre. Répondez aux questions.

1) Il s'agit :
- ☐ du concert du rap.
- ☐ du concert du Rock.
- ☒ du concert de l'orchestre.

2) Le concert :
- ☐ est très cher.
- ☒ est gratuit.
- ☐ n'est pas cher.

3) La date de ce concert est au _______ juin.

해석 및 분석

청취내용

Il y aura un concert de l'orchestre à la Bastille le vendredi 21 juin.
Ce concert sera gratuit pour la fête de la musique. Si vous voulez réserver vos places, téléphonez au 01 47 85 26 78.
6월 21일 바스티유에서 오케스트라 연주회가 있습니다. 이 연주회는 음악의 날을 기념하여 무료입니다. 자리를 예약하고 싶으시면 01 47 85 26 78 로 전화하세요.

1. être 동사

주 어	je	tu	il, elle	nous	vous	ils, elles
현 재	suis	es	est	sommes	êtes	sont
단순미래	**serai**	**seras**	**sera**	**serons**	**serez**	**seront**

2. gratuit(e)

무료의	consultation gratuite [무료진찰] enseignement gratuit [무상교육]

3. pour

- 앞으로 다가올 순간을 나타내는데 행위의 출발점과 기간을 표시한다.
  Je reste à Rome pour une semaine. ← **지금부터 일주일 동안**
  [나는 일주일 예정으로 로마에 머무를 것이다]
  Il a loué une maison pour deux mois. [그는 두달 동안 집을 빌렸다]

- pendant과 pour를 혼동하지 말 것
  Il a travaillé pendant vingt ans dans cette compagnie.
  [그는 이 회사에서 20년 동안 일했다 : 20년 동안 일했고 이제는 일을 하지 않는다]
  Je lui ai demandé de travailler avec moi pour un ans.
  [나는 그에게 일년 동안 나와 일을 하자고 요구했다 : 예정]

4. la fête

축 제	la fête nationale [국경일] fête des Mères [어머니날]

5. si [조건 : 만약 ~라면]

si + 주어 + 현재, 주어 + 단순미래	S'il pleut, je resterai à la maison. [비가 오면 집에 있을 거야]
si + 주어 + 반과거, 주어 + 조건법	Si j'étais riche, j'achèterais cette maison. [내가 부자였다면 이 집을 샀을텐데]

문제 풀이

6. Vous voulez réserver vos places pour le concert de l'orchestre. Répondez aux questions.
(당신은 오케스트라의 연주회 자리를 예약하길 원합니다. 질문에 답하시오.)

1) Il s'agit : ______에 관한 것이다.

☐ du concert du rap. [랩 콘서트]
☐ du concert du Rock. [락 콘서트]
☒ du concert de l'orchestre. [오케스트라 연주회]

2) Le concert : 콘서트는 ______

☐ est très cher. [매우 비싸다]
☒ est gratuit. [무료다]
☐ n'est pas cher. [비싸지 않다]

3) La date de ce concert est au 21 juin. : 콘서트 날짜는 6월 21일이다.

7. 영화 예약에 관련된 안내

예 제

COMPRÉHENSION DE L'ORAL

Répondez aux questions en cochant (☒) la bonne réponse, ou en écrivant l'information demandée.

Vous allez entendre deux fois un document. Vous aurez 30 secondes de pause entre les 2 écoutes puis 30 secondes pour vérifier vos réponses. Lisez d'abord les questions.

7. Vous voulez réserver vos places pour voir un film. Répondez aux questions.

1) À quel genre de film s'agit-il?

☐ le film d'aventure.
☐ le film d'horreur.
☐ le film de comédie.

2) Quand est-ce que le film va sortir? 05 ________ 2006.

3) Qu'est-ce qu'il faut faire pour savoir plus d'informations?

☐ On téléphone.
☐ On utilise l'internet.
☐ On va directemenrt au cinéma.

해석 및 분석

청취내용

Le film d'aventure 「DA VINCI CODE」 va sortir à UGC le 05 avril 2006. Pour savoir l'information détaillée sur ce film, Effectuez votre recherche sur "DA VINCI CODE" sur le siteweb Mcinema.com.
「다빈치 코드」 모험 영화가 2006년 4월 5일 UGC에서 상영될 것입니다. 이 영화에 대한 상세한 정보를 알기 위해서는 웹 싸이트 Mcinema.com.를 이용하세요.

1. le film

영 화	film-annonce [예고편] tourner un film [촬영하다]

2. une aventure

모 험	roman d'aventure [탐험소설] homme d'aventure [모험가]

3. sortir

자동사	나오다	Il sort de sa maison. [그는 집에서 나온다]
		Il sort de l'hôpital. [그는 퇴원한다]
	외출하다	Jean n'est pas là, il est sorti. [장은 없어, 외출했어]
	발표, 개봉	roman qui vient de sortir [최근 개봉된 소설] Ce film va sortir dans une semaine. [이 영화는 일주일 후에 개봉될 것이다]
타동사	꺼내다	Il a sorti les mains de ses poches. [주머니에서 손을 꺼냈다]

4. savoir

je	tu	il, elle	nous	vous	ils, elles
sais	sais	sait	savons	savez	savent
+ 명사	Tu sais cette nouvelle? [이 소식을 알고 있니?]				
+ 동사원형	Je sais conduire. [난 운전할 줄 안다]				
+ que	Tu sais qu'il est marié? [그가 결혼한 것을 알고 있니?]				

5. sur

~위에	Asseyez-vous sur la chaise! [의자에 앉으세요!]
~에 관해	Je ne suis d'accord sur ce point. [이 점에 대해서는 동의할 수 없어]
~중에	J'ai 17 sur 20 en anglais. [나는 영어를 20점 만점에 17점을 받았어]

문제 풀이

7. Vous voulez réserver vos places pour voir un film. Répondez aux questions.
(당신은 영화를 보기 위해 자리를 예약하려고 합니다. 질문에 답하세요.)

1) À quel genre de film s'agit-il? : 어떤 종류의 영화인가?

☒ le film d'aventure. [모험 영화]
☐ le film d'horreur. [공포 영화]
☐ le film de comédie. [코메디 영화]

2) Quand est-ce que le film va sortir? : 이 영화는 언제 상영될 것인가?

→ 05 avril 2006

3) Qu'est-ce qu'il faut faire pour savoir plus d'informations?
: 더 많은 정보를 알기 위해서 무엇을 해야 하는가?

☐ On téléphone. [전화를 한다]
☒ On utilise l'internet. [인터넷을 이용한다]
☐ On va directemenrt au cinéma. [극장에 직접 간다]

8. TV 영화에 관련된 안내

예 제

COMPRÉHENSION DE L'ORAL

Répondez aux questions en cochant (☒) la bonne réponse, ou en écrivant l'information demandée.

Vous allez entendre deux fois un document. Vous aurez 30 secondes de pause entre les 2 écoutes puis 30 secondes pour vérifier vos réponses. Lisez d'abord les questions.

8. Il y a un film qui va passer à la télé. Répondez aux questions.

1) Quel est le titre du film?
- ☐ TinTin.
- ☐ Visiteurs.
- ☐ Astérix.

2) Quand est-ce que le film passe à la télé?
- ☐ la semaine prochaine.
- ☐ cette semaine.
- ☐ la semaine dernière.

3) Pour regarder le film, On fixe la chaîne numéro ________.

청취내용

Le film "Astérix" avec Gérard Dépardieu va passer à la télé la semaine prochaine. Si vous n'avez pas encore vu ce film, regardez-le 녁 la deuxième chaîne.
제라르 듀빠르뒤가 주연한 영화 "아스테릭스"가 다음 주에 TV에 상영될 예정입니다. 아직 이 영화를 보지 않으셨다면, 채널 2번을 보세요.

1. avec

~와 함께	Venez avec moi. [나와 함께 가세요]
~와 더불어	Avec le temps, tout s'en va. [시간과 더불어 모든 것이 사라진다]
~을 가지고	avec plaisir [기꺼이] avec prudence [신중하게]
~와(비교)	comparer A avec B [A와 B를 비교하다]

2. passer

자동사	지나가다	Il est passé devant la boutique. [가게 앞을 지나갔다]
	상영되다	Le film passe dans les salles d'exclusivité. [영화가 개봉관에서 상영되고 있다]
	통과되다	Il a passé à l'examen. [시험에 통과했다]
타동사	건너가다	passer un(une) pont(frontière) [다리(국경)를 건너다]
	시험을 보다	passer un examen [시험을 치루다]
	시간을 보내다	passer ses vacances à la mer [휴가를 바다에서 보내다]
	건네주다	Passez-moi le sel. [소금을 건네 주세요]

3. télévision [텔레비전]

■ 줄여서 사용하는 단어들

télévision [TV] télé	réfrigérateur [냉장고] frigo	dictionnaire [사전] dico
restaurant [식당] restau	sympathique [상냥한] sympa	

4. la semaine

주(周)	la semaine dernière(prochaine) [지난(다음) 주] deux fois par semaine [일주일에 두 번]

5. ne ~ pas

1) 단순형태의 시제 : ne + 단순시제의 동사 + pas

현재시제 : Je ne suis pas étudiant. [나는 학생이 아니다]
단순미래 : Je n'irai pas au cinéma. [나는 극장에 가지 않을꺼야]
반 과 거 : Il ne fumait pas. [그는 담배를 피지 않았다]
명 령 문 : Ne partez pas sans moi! [나 없이 떠나지 마세요]

■ 조동사 + 동사의 원형의 문장의 경우 : ne + 조동사 + pas + 동사원형

Je ne veux pas travailler. [나는 일하고 싶지 않다]
Tu ne dois pas faire ça. [너는 그것을 하면 안돼]

2) 복합형태의 시제 : ne + 조동사(avoir, être) + pas + 과거분사

복합시제 : Il n'est pas arrivé. [그는 도착하지 않았다]
대 과 거 : Je n'ai pas dormi toute la nuit. [나는 밤새 잠을 안 잤다]

3) ne는 항상 보어대명사 앞에 위치한다

Tu connais cet homme? Non, je ne le connais pas.
[너 저 남자 아니?] [아니, 나는 그를 몰라]
Tu téléphones souvent à Paul? Non. je ne lui téléphone pas souvent.
[너 뽈에게 전화를 자주 하니?] [아니, 그에게 자주 전화하지 않아]

Tu as acheté ce livre? Non, je ne l'ai pas acheté.
[너 이 책을 샀니?] [아니, 그것을 사지 않았어]

6. ne ~ pas encore

부정의 ne ... pas와 시간의 부사 encore가 결합한 것으로 어떤 행위가 곧 발생할 것을 의미한다.

1) déjà의 부정

Il est déjà rentré? Non, il n'est pas encore rentré, mais il va bientôt rentrer.
[그는 벌써 귀가했니?] [아니, 아직 귀가 안했지만 곧 귀가할거야]

2) 홀로 쓰여 질문에 대한 답변

Tu as terminé le travail? Non, pas encore.
[너 일을 끝맞쳤니?] [아니, 아직]

3) 위 치

- 단순형태 : ne + 동사 + pas encore
  Le magasin est ouvert? Non, il n'est pas encore ouvert.
  [상점이 열었니?] [아니, 아직 안 열었어]

- 복합형태 : ne + 조동사 + pas encore + 과거분사
  Je n'ai pas encore téléphoné à ma mère.
  [나는 어머니께 아직 전화를 드리지 않았다]

7. 과거분사

3군 동사	**-s**	prendre [잡다]	**pris**
	-é	aller [가다]	**allé**
	-i	sortir [외출하다]	**sorti**
	-u	boire [마시다]	**bu**
		attendre [기다리다]	**attendu**

문제 풀이

8. Il y a un film qui va passer à la télé. Répondez aux questions.
(텔레비전에서 상영될 영화가 있습니다. 질문에 답하세요.)

1) Quel est le titre du film? : 이 영화의 제목은 무엇인가?

☐ TinTin.
☐ Visiteurs.
☒ Astérix.

2) Quand est-ce que le film passe à la télé? : 이 영화는 언제 TV에 방영되는가?

☒ la semaine prochaine.
☐ cette semaine.
☐ la semaine dernière.

3) Pour regarder le film, on fixe la chaîne numéro 2.
: 이 영화를 보기 위해서는 채널 2번을 고정해야 한다.

PREMIÈRE PARTIE : Exercice 2 유형

신분, 직업에 관련된 문제

내 용	- 먹는 것에 관련된 직업 (빵가게 주인, 식료품가게주인, 식당, 카페) - 병과 관련된 직업 (간호원, 의사, 약사) - 학업에 관련된 직업이나 신분 (선생님, 서점주인, 학생) - 운동이나 예술에 관련 (운동선수, 가수, 무용가, 연주자, 배우, 화가)
핵 심	- 직업에 관련된 어휘들을 숙지 - 직업에 대해 만족하고 있는지에 관련된 기호도의 표현 숙지 - 직업과 관련된 특성을 설명하는 문장에 대한 이해

1. 제빵 기술자에 관한 설명

예 제

COMPRÉHENSION DE L'ORAL

Répondez aux questions en cochant (☒) la bonne réponse, ou en écrivant l'information demandée.

Vous allez entendre deux fois un document. Vous aurez 30 secondes de pause entre les 2 écoutes puis 30 secondes pour vérifier vos réponses. Lisez d'abord les questions.

1. Répondez aux questions.

1) Le métier de cette personne, c'est :
- ☐ faire des gâteaux.
- ☐ faire des cadeaux.
- ☐ faire du vin.

2) La personne :
- ☐ adore son métier.
- ☐ déteste son métier.
- ☐ ne s'intéresse pas à son métier.

3) La personne travaille :
- ☐ en fin de journée.
- ☐ pendant la nuit.
- ☐ sans cesse.

4) Quand est-ce qu'il se repose?
- ☐ le matin.
- ☐ l'après-midi.
- ☐ la nuit.

해석 및 분석

청취내용

J'aime beaucoup mon métier de pâtissier. Le gâteau c'est tellement bon! Et je peux faire beaucoup de gâteaux. Le seul problème, c'est que je dois travailler quand tout le monde dort. Je me repose l'après-midi.
난 과자제조인이라는 내 직업을 아주 좋아합니다. 케익은 정말 맛있어요! 그리고 난 많은 케익을 만들 수 있습니다. 유일한 문제는 모든 사람들이 잠을 잘 때 일을 해야 한다는 거죠. 난 오후에 쉽니다.

1. aimer [좋아하다]

+ 명사	J'aime le football. [난 축구를 좋아합니다]
+ 동사원형	J'aime regarder la télé. [난 TV 보는 것을 좋아합니다]

■ 기호도를 나타내는 경우

aimer (+)	aimer beaucoup (bien) (+ +)	adorer (+ + +)
ne pas aimer (−)	ne pas aimer beaucoup (− −)	détester (− − −)

2. beaucoup [많이]

단 독	Merci beaucoup. [대단히 감사합니다] Je n'aime pas beaucoup le fromage. [난 치즈를 별로 좋아하지 않아]
+ de + 복수명사	Il a beaucoup d'amis (argent) [그는 친구(돈)가 많다]

3. mon : 1인칭 단수 소유 형용사

남성단수	모음, h의 여성단수	여성단수	남, 여 복수
mon chat	mon amie	ma fille	mes cahiers, mes tables

4. pâtissier [과자제조인]

pâtisserie → pâtissier(ère) [과자점]	boulangerie → boulanger(ère) [빵가게]
pharmacie → pharmacien(ne) [약국]	librairie → libraire [서점]
crémerie → crémier(ère) [유제품점]	fruiterie → frutier(ère) [과일가게]
charcuterie → charcutier(ère) [돼지고기제품점]	

5. le gâteau

케익	gâteau au chocolat [초코렛 케익]	gâteau d'anniversaire [생일케익]

■ 명사의 복수형

-(e)au	**-(e)aux**	chapeau [모자] - chapeaux peau [피부] - peaux	cadeau [선물] - cadeaux gâteau [케익] - gâteaux

6. tellement

형용사, 부사 앞 : 그렇게	Il est tellement gentil. [그는 너무 친절해]
부정문 : 그다지	Je n'ai pas tellement envie de voir ce film. [이 영화를 그다지 보고 싶지는 않아]

■ 파생형 부사 : -형용사의 여성형 + -ment

남성 형용사	여성 형용사	부 사
heureux [행복한]	heureuse	heureusement
certain [확실한]	certaine	certainement
actif [활동적인]	active	activement

7. pouvoir

je	tu	il, elle	nous	vous	ils, elles
peux	peux	peut	pouvons	pouvez	peuvent
+ 동사원형	Je peux sortir? [외출해도 됩니까?]				

8. faire

je	tu	il, elle	nous	vous	ils, elles
fais	fais	fait	faisons	faites	font
~하다	Qu'est-ce que tu fais ici? [너 여기서 뭐하니?]				

9. seul(e)

명사 앞 : 유일한	une seule fois [딱 한번] d'un seul coup [단번에]
명사 뒤 : 단독의	un homme seul [고독한 사람]

■ 위치에 따라 의미가 달라지는 형용사들

cher	cher ami [친애하는 친구]	une voiture chère [비싼 차]
grand	un grand homme [위인]	un homme grand [키가 큰 남자]
ancien	ancien élève [이전 학생]	une maison ancienne [오래된 집]

10. devoir

je	tu	il, elle	nous	vous	ils, elles
dois	dois	doit	devons	devez	doivent
+ 동사원형	Je dois aller à la poste. [난 우체국에 가야 해]				

11. travailler [일하다 : -er로 끝나는 1군 동사의 어미]

je	tu	il, elle	nous	vous	ils, elles
travaille	travailles	travaille	travaillons	travaillez	travaillent

12. tout

남성단수	**tout**	tout le temps [항상]	tout le pays [나라 전체]
여성단수	**toute**	toute la journée [하루 종일]	toute la nuit [밤새]
남성복수	**tous**	tous les hommes [모든 사람들]	tous les jours [매일]
여성복수	**toutes**	toutes les filles [모든 소녀들]	

13. 시간과 관계되는 표현들

그저께	어저께	오늘	내일	모레
avant-hier	hier	aujourd'hui	demain	après-demain

문제 풀이

1. Répondez aux questions.

1) Le métier de cette personne, c'est : 이 사람의 직업은 ____이다.

☒ faire des gâteaux. [케익을 만드는 것]
☐ faire des cadeaux. [선물을 만드는 것]
☐ faire du vin. [포도주를 만드는 것]

2) La personne : 이 사람은

☒ adore son métier. [자신의 직업을 아주 좋아한다]
☐ déteste son métier. [자신의 직업을 아주 싫어한다]
☐ ne s'intéresse pas à son métier. [자신의 직업에 흥미가 없다]

3) La personne travaille : 이 사람은 ____에 일한다.

☐ en fin de journée. [낮]
☒ pendant la nuit. [밤]
☐ On ne sait pas. [알 수 없다]

4) Quand est-ce qu'il se repose? : 그는 어제 휴식을 취하는가?

☐ le matin. [아침]
☒ l'après-midi. [오후]
☐ la nuit. [밤]

2. 의사에 관련된 설명

예 제

COMPRÉHENSION DE L'ORAL

Répondez aux questions en cochant (☒) la bonne réponse, ou en écrivant l'information demandée.

Vous allez entendre deux fois un document. Vous aurez 30 secondes de pause entre les 2 écoutes puis 30 secondes pour vérifier vos réponses. Lisez d'abord les questions.

2. Répondez aux questions

1) Qu'est-ce qu'il fait dans la vie?

Il est
- ☐ infirmier.
- ☐ médecin.
- ☐ professeur.

2) Il pense que l'argent est moins important que la santé :
- ☐ Vrai.
- ☐ Faux.
- ☐ On ne sait pas.

3) En général, la personne de ce métier travaille dans :
- ☐ un restaurant.
- ☐ un café.
- ☐ un hôpital.

해석 및 분석

청취내용

Je suis très content de mon métier de médecin. La santé est plus importante que l'argent. Pourquoi ? C'est parce qu'on ne peut pas acheter la santé avec l'argent. Soigner des malades, c'est un travail précieux.
나는 의사라는 내 직업에 매우 만족해 합니다. 건강은 돈보다 더 중요합니다. 왜냐구요? 왜냐하면 돈으로 건강을 살 수 없기 때문입니다. 환자를 돌보는 것은 가치있는 일입니다.

1. très

형용사 앞	très riche [매우 부유한] très heureux [매우 행복한]
부사 앞	très bien [썩 잘] très souvent [매우 자주] très tôt [아주 일찍]
과거분사 앞	Je suis très gêné. [매우 곤란하다]
동사구	J'ai très faim (soif, peur) [매우 배고프다(목마르다, 무섭다)]

2. content(e)

+ de + 명사구	Je suis content de mon travail.	[난 내 일에 만족해]
+ de + 동사원형	Je suis content de vous voir.	[당신을 봐서 기쁩니다]

3. médecin [의사]

■ 남성형만 존재하는 명사들

auteur [저자]	amateur [아마추어]	écrivain [작가]	ingénieur [기사]
juge [판사]	médecin [의사]	professeur [선생님]	sculpteur [조각가]

■ 여성을 나타내고자 하는 경우, 명사 앞에 femme를 사용한다.
une femme auteur une femme médecin

4. acheter [사다 : -er로 끝나는 1군 동사의 변칙형]

j'	tu	il, elle	nous	vous	ils, elles
achète	achètes	achète	achetons	achetez	achètent

5. 비교급

우등비교	**plus**	형용사, 부사	**que**
동등비교	**aussi**		
열등비교	**moins**		

Il est plus rapide que moi. [그는 나보다 더 빠르다]
Il est aussi grand que moi. [그는 나만큼 키가 크다]
Elle est moins belle que sa mère. [그녀는 엄마보다 덜 아름답다]

6. 형용사의 여성형

-x	-se	heureux → heureuse [행복한] jaloux → jalouse [질투의]	curieux → curieuse [호기심의] ambitieux → ambitieuse [야망의]

■ 예외 : faux→ fausse [거짓의] roux→ rousse [붉은 색의]

문제 풀이

2. Répondez aux questions

1) Qu'est-ce qu'il fait dans la vie? : 그의 직업은 무엇인가?

Il est
- ☐ infirmier. [그는 간호사다]
- ☒ médecin. [그는 의사다]
- ☐ professeur. [그는 선생님이다]

2) Il pense que l'argent est moins important que la santé.
: 그는 돈이 건강보다 덜 중요하다고 생각한다.
- ☒ Vrai.
- ☐ Faux.
- ☐ On ne sait pas.

3) En général, la personne de ce métier travaille dans ____.
: 일반적으로 이 직업의 사람은 ____에서 일을 한다.
- ☐ un restaurant. [식당]
- ☐ un café. [카페]
- ☒ un hôpital. [병원]

3. 스튜디어스에 관한 설명

예 제

COMPRÉHENSION DE L'ORAL

Répondez aux questions en cochant (☒) la bonne réponse, ou en écrivant l'information demandée.

Vous allez entendre deux fois un document. Vous aurez 30 secondes de pause entre les 2 écoutes puis 30 secondes pour vérifier vos réponses. Lisez d'abord les questions.

3. Répondez aux questions

1) En général, la personne de ce métier travaille dans :

☐ un avion.
☐ un café.
☐ un restaurant.

2) La personne aime :

☐ faire du sport.
☐ voyager.
☐ cuisiner.

3) Pourquoi les gens ont peur de l'avion?

☐ Parce qu'ils pensent que l'avion est amusant.
☐ Parce qu'ils pensent que l'avion est cher.
☐ Parce qu'ils pensent que l'avion est dangereux.

4) Quel est l'avantage de ce métier?

☐ On travaille seulement 3 jours par semaine.
☐ On peut gagner beaucoup d'argent.
☐ On peut rencontrer beaucoup de gens.

해석 및 분석

J'aime mon métier d'hôtesse de l'air. Je peux voyager dans beaucoup de pays. Beaucoup de gens ont peur de l'avion en pensant que l'avion est très dangereux, mais ce n'est pas vrai. D'ailleurs, je ne travaille que 3 jours par semaine.
난 스튜어디스라는 내 직업을 좋아합니다. 나는 많은 나라를 여행할 수가 있습니다. 많은 사람들은 비행기가 매우 위험하다고 생각해서 비행기를 무서워하지만 그것은 사실이 아닙니다. 게다가, 난 일주일에 3일만 일을 합니다.

1. 남성형과 여성형의 형태가 다른 명사들

roi → reine [왕]	empereur → impératrice [황제]
taureau → vache [황소]	coq → poule [수탉]

2. un air

공 기	pollution de l'air [대기오염] air de la mer [바닷바람]
모 습	Tu as l'air fatigué. [너 피곤해 보인다]

3. voyager [여행하다 : -ger로 끝나는 1군 동사의 변화형]

je	tu	il, elle	nous	vous	ils, elles
voyage	voyages	voyage	voyageons	voyagez	voyagent

4. dans

장 소	~안에, ~에	Il est en train de se promener dans le parc. [공원에서 산책중이야]
		Il y a beaucoup de monde dans la rue. [거리에 사람들이 많은데]
	~에서	J'ai appris cette nouvelle dans le journal. [그 소식을 신문에서 알았어]
시 간	~이내에, ~안으로	Je pars dans trois jours. [3일 후에 떠나요]

5. la peur [두려움]

avoir와 함께 동사구를 이루는 것들	
avoir froid [추운]	avoir chaud [더운]
avoir faim [배고픈]	avoir soif [목마른]
avoir sommeil [졸린]	

6. ne~que(=seulement) : Ex. Il n'a que de l'argent. [그는 돈만 있을 뿐이다]

문제 풀이

3. Répondez aux questions

1) En général, la personne de ce métier travaille dans ____.
: 일반적으로 이 직업의 사람은 ____에서 일한다.
☒ un avion. [비행기]
☐ un café. [카페]
☐ un restaurant. [식당]

2) La personne aime : 이 사람은 ____을 좋아한다.
☐ faire du sport. [운동하는 것]
☒ voyager. [여행하는 것]
☐ cuisiner. [음식 하는 것]

3) Pourquoi les gens ont peur de l'avion? : 왜 사람들은 비행기를 무서워하는가?
☐ Parce qu'ils pensent que l'avion est amusant.
[비행기가 재미있다고 생각하기 때문에]
☐ Parce qu'ils pensent que l'avion est cher.
[비행기가 비싸다고 생각하기 때문에]
☒ Parce qu'ils pensent que l'avion est dangereux.
[비행기가 위험하다고 생각하기 때문에]

4) Quel est l'avantage de ce métier? : 이 직업의 장점은 무엇인가?

☒ On travaille seulement 3 jours par semaine. [일주일에 단지 3일 일한다]
☐ On peut gagner beaucoup d'argent. [돈을 많이 벌 수 있다]
☐ On peut rencontrer beaucoup de gens. [많은 사람을 만날 수 있다]

4. 유제품 판매인에 관한 설명

예 제

COMPRÉHENSION DE L'ORAL

Répondez aux questions en cochant (☒) la bonne réponse, ou en écrivant l'information demandée.

Vous allez entendre deux fois un document. Vous aurez 30 secondes de pause entre les 2 écoutes puis 30 secondes pour vérifier vos réponses. Lisez d'abord les questions.

4. Répondez aux questions

1) Le métier de cette personne, c'est :

- ☐ vendre des crèmes.
- ☐ vendre des vins.
- ☐ vendre des fruits.

2) La personne pense que :

- ☐ le fromage n'est pas bon.
- ☐ le lait est bon pour la santé.
- ☐ le fromage est meilleur que le lait.

3) Pourquoi est-ce que la personne se lève tard?

- ☐ Parce qu'il ne travaille pas.
- ☐ Parce qu'il travaille à patir de 10 heures.
- ☐ Parce qu'il n'y a pas de monde le matin.

해석 및 분석

청취내용

J'aime beaucoup mon métier de crémier. Je vends toutes sortes de crèmes. Le fromage est tellement bon et le lait est bon pour la santé. Je me lève un peu tard parce que j'ouvre le magasin à 10 heures.
난 유제품을 취급하는 내 직업을 많이 좋아합니다. 나는 모든 종류의 유제품을 판매합니다. 치즈는 정말 맛이 있고 우유는 건강에 좋습니다. 나는 약간 늦게 일어나는데 왜냐하면 가게를 10시에 문을 열기 때문입니다.

1. vendre

je	tu	il, elle	nous	vous	ils, elles
vends	vends	vend	vendons	vendez	vendent
팔다	Il vend sa voiture. [그는 그의 차를 판다]				

2. peu

별로 ~ 않다	Elle mange peu. [그녀는 거의 먹지 않는다] Je connais peu Paris. [난 파리를 거의 알지 못한다] Peu importe! [별로 상관없어!]
un peu : 약간	Attendez un peu! [조그만 기다려주세요!] Vous voulez un peu de sucre? [설탕 좀 더 드실래요?]

3. tard

늦 게	se coucher (lever) tard [늦게 잠자리에 들다(일어나다) Il est trop tard pour recommencer. [다시 시작하기엔 너무 늦었다] tôt ou tard [조만간] plus tard [나중에]

4. ouvrir

j'	tu	il, elle	nous	vous	ils, elles
ouvre	ouvres	ouvre	ouvrons	ouvrez	ouvrent
열다	ouvrir la porte toute grande [문을 활짝 열다] ouvrir un compte en banque [은행 구좌를 개설하다]				

5) le magasin

상 점	magasin d'alimentation [식료품점] employé de magasin [점원] grand magasin [백화점]

문제 풀이

4. Répondez aux questions

1) Le métier de cette personne, c'est : 이 사람의 직업은 _____이다.
   - ☒ vendre des crèmes. [유제품을 파는 것]
   - ☐ vendre des vins. [포도주를 파는 것]
   - ☐ vendre des fruits. [과일을 파는 것]

2) La personne pense que : 이 사람은 _____라고 생각한다.
   - ☐ le fromage n'est pas bon. [치즈는 맛이 없다]
   - ☒ le lait est bon pour la santé. [우유는 건강에 좋다]
   - ☐ le fromage est meilleur que le lait. [치즈가 우유보다 더 좋다]

3) Pourquoi est-ce que la personne se lève tard? : 왜 이 사람은 늦게 일어나는가?
   - ☐ Parce qu'il ne travaille pas. [일을 하지 않기 때문에]
   - ☒ Parce qu'il travaille à partir de 10 heures. [10시부터 일을 하기 때문에]
   - ☐ Parce qu'il n'y a pas de monde le matin. [아침에는 사람이 없기 때문에]

5. 선생님에 관한 설명

예 제

COMPRÉHENSION DE L'ORAL

Répondez aux questions en cochant (☒) la bonne réponse, ou en écrivant l'information demandée.

Vous allez entendre deux fois un document. Vous aurez 30 secondes de pause entre les 2 écoutes puis 30 secondes pour vérifier vos réponses. Lisez d'abord les questions.

5. Répondez aux questions

1) Le métier de cette personne est :

- ☐ pharmacien.
- ☐ médecin.
- ☐ professeur.

2) Il pense que l'éducation :

- ☐ n'est pas très importante pour vivre.
- ☐ est très importante pour l'avenir d'un pays.
- ☐ est très importante pour aider les gens pauvres.

3) Pourquoi est-il fatigué quelquefois?

- ☐ Parce qu'il est malade.
- ☐ Parce qu'il doit préparer beaucoup de choses pour les cours.
- ☐ Parce que les étudiants ne lui obéissent pas bien.

해석 및 분석

청취내용

J'aime mon métier de professeur. L'éducation est très importante pour l'avenir d'un pays et je suis très heureux d'être professeur. Je suis fatigué quelquefois parce qu'il y a beaucoup de choses à faire pour préparer les cours mais j'aime beaucoup les étudiants. 난 선생님이라는 내 직업을 좋아합니다. 교육은 한 나라의 미래를 위해 매우 중요하며 나는 선생님이 된 것에 대해 매우 행복합니다. 때때로 피곤한데 왜냐하면 수업을 준비하기 위해 해야 할 것이 많기 때문입니다. 하지만 난 학생들을 좋아합니다.

1. important(e)

중요한	jouer un rôle important [중요한 역할을 하다]
Il est important de + 동사원형	Il est important de se reposer après le travail. [일을 한 후에 휴식을 하는 것은 중요하다]

2. heureux(se)

행복한	vivre heureux [행복하게 살다] être heureux comme roi [아주 행복하다]
만족한	Je suis heureux de faire votre connaissance. [당신을 알게 되 기쁩니다]

3. fatigué(e)

피곤한	Je me sens fatigué. [피곤함을 느낀다] Il a l'air fatigué. [피곤해 보인다]

4. quelquefois

이따금	Cela arrive quelquefois. [이것은 가끔 일어난다]

5. préparer

준비하다	préparer un plan [계획을 준비하다] préparer ses cours [강의준비하다]
예습하다	préparer un examen [시험준비를 하다]

문제 풀이

5. Répondez aux questions

1) Le métier de cette personne est : 이 사람의 직업은 ____이다.

☐ pharmacien. [약사]
☐ médecin. [의사]
☒ professeur. [선생님]

2) Il pense que l'éducation : 그는 교육이 ____라고 생각한다.

☐ n'est pas très importante pour vivre.
[사는데 그다지 중요하지 않다]
☒ est très importante pour l'avenir d'un pays.
[한 나라의 미래를 위해 매우 중요하다]
☐ est très importante pour aider les gens pauvres.
[가난한 사람들을 돕기 위해 매우 중요하다]

3) Pourquoi est-il fatigué quelquefois? : 왜 그는 가끔 피곤한가?

☐ Parce qu'il est malade.
[아프기 때문에]
☒ Parce qu'il doit préparer beaucoup de choses pour les cours.
[수업을 위해 많은 것을 준비해야 하기 때문에]
☐ Parce que les étudiants ne lui obéissent pas bien.
[학생들이 그의 말을 잘 듣지 않기 때문에]

PREMIÈRE PARTIE : Exercice 3 유형

대화와 삽화의 연관성에 관한 문제

내 용	- 교통 (버스, 지하철, 비행기, 기차) - 특별한 장소 (공원, 관광지) - 물건을 파는 장소 (식당, 카페식료품, 약국, 서점)
핵 심	- 각 교통기관의 특성을 파악 - 각 관광지가 가지고 있는 잘 알려진 내용 - 특정물건을 판매하는 상점들의 내용

1. 전철, 동물, 영화, 과일, 카페에 관련된 대화와 삽화

예 제

Vous allez entendre plusieurs petits dialogues correspondant à des situations différentes. Vous aurez 15 secondes de pause après chaque dialogue. Puis vous entendrez à nouveau les dialogues et pourrez compléter vos réponses. Regardez d'abord les images.

1. Associez chaque situation à une image.

Image A

Image B

Image C

Image D

Image E

해석 및 분석

Situation n°1 Image D	Ce métro, c'est idéal pour aller à l'endroit de rendez-vous. [이 지하철은 약속 장소에 가기에는 최고야]
	Oui, on n'arrive jamais en retard même s'il y a beaucoup de voitures dans la rue. [응, 거리에 많은 차가 있다 해도 결코 늦지 않지]
Situation n°2 Image B	Tu as vu cet animal ? Il est énorme! [너 저 동물 봤니? 덩치가 어마어마해!]
	Oui, c'est un éléphant. [응, 저것이 코끼리야]
Situation n°3 Image A	Tu regardes souvent des films? [너 영화를 자주 보니?]
	Oui, une fois par semaine. Et toi ? Tu aimes aussi le cinéma? [응, 일주일에 한번씩. 너는? 너도 영화를 좋아하니?]
	Oui, mais je n'y vais qu'une fois par mois. [응, 그렇지만 한 달에 한번만 극장에 가]
Situation n°4 Image C	Ils sont bons vos fruits? [과일이 맛이 있어요?]
	Bien sûr, madame. [물론이죠, 부인]
	C'est combien? [얼마죠?]
Situation N°5 Image E	Ce parc est très agréable. [이 공원은 정말 좋은데]
	Oui. Il y a des arbres et on peut se parler tranquillement. [응, 나무들이 있고 조용히 얘기할 수가 있어]

1. ce : 지시형용사

남성단수	모음, 묵음의 h의 남성단수	여성단수	남, 여 복수
ce garçon	cet ami, cet hôtel	cette fille	ces enfants

1) 사람 또는 사물을 지칭할 때

Cet enfant aime ce gâteau. [이 아이는 이 케익을 좋아한다]

2) 앞에서 이미 언급되었던 명사를 되풀이하거나 앞으로 언급할 명사 앞

Tu connais l'homme sur la photo? Cet homme? C'est mon père.
[너 사진 속에 남자를 아니?]   [이 남자? 내 아버지셔]
Écoutez cette histoire. [이 이야기를 들어봐]

2. le métro [지하철]

교통기관과 이용 장소			
l'avion [비행기]	le métro [지하철]	le train	le bus [버스]
l'aéroport [공항]	la station	la gare	l'arrêt

3. idéal

관념적인, 이상적인	monde idéal [관념세계] amour idéal [관념적 사랑]

4. même

명사 앞 : 같은	C'est la même chose. [그것은 같은 것이야] rentrer à la même heure [같은 시간에 귀가하다]
(대)명사 뒤 : 조차	Les enfants même le savent. [아이들조차 그걸 알아]
강세형과 함께 : 자신	Il n'a pas compris lui-même. [그 자신도 이해 못했어]

5. animal [동물]

-al → -aux	un cheval → des chevaux [말]	un journal → des journaux [신문]

6. énorme [거대한]

남성 형용사	여성 형용사	부 사
énorme [거대한]	énorme	énormément
précis [구체적인]	précise	précisément

■ 부사 = 형용사의 여성형 + -ément

7. aussi [또한, 역시] : aussi vs aussi

- 동사나 명사 또는 대명사 뒤에 위치하여 문장의 내부에서 단순한 첨가적 요소로서 기능한다. 이 때의 의미는 [~도 또한]이다 :

  Paul aime le tennis, mais il aime aussi le football.
  [뽈은 테니스를 좋아하지만, 축구도 또한 좋아한다]
  Moi, je suis étudiant, vous aussi?
  [나는 학생인데, 당신도 그래요?]

- 반면, 결과를 나타내는 경우 문장 맨 앞에 사용되며 의미는 [그래서]이다. 이 때 문어체에서 동사와 주어대명사의 도치가 일어난다 :

  Il adore la chanson ; aussi va-t-il souvent au concert.
  [그는 노래를 아주 좋아해 ; 그래서 콘서트장에 자주 가]

8. combien [얼마]

Ça coûte combien?	값이 얼마죠?	Ça coûte X.
C'est combien?		C'est X.
Ça fait combien?		Ça fait X.
Je vous dois combien?		

9. agréable

기분 좋은	agréable à entendre [듣기 좋은] Ce n'est pas très agréable de voyager tout seul. [혼자 여행하는 것은 그다지 유쾌하지는 않다]

- 남성과 여성의 형태가 동일한 형용사들

mince [날씬한]	sympathique [상냥한]	jeune [젊은]
rouge [빨강색의]	jaune [노랑색의]	formidable [훌륭한]

2. 비행기, 빵가게, 박물관, 콘서트, 식당, 자동차에 관한 대화와 삽화

예 제

Vous allez entendre plusieurs petits dialogues correspondant à des sotuations différentes. Vous aurez 15 secondes de pause après chaque dialogue. Puis vous entendrez à nouveau les dialogues et pourrez compléter vos réponses. Regardez d'abord les images.

2. Associez chaque situation à une image.

Image A

Image B

Image C

Image D

Image E

Image F

해석 및 분석

Situation n°1 Image A	L'avion, c'est idéal pour voyager les pays étrangers. C'est très rapide. 비행기는 외국을 여행하는데 이상적이야. 매우 빠르거든.
	Oui, mais c'est aussi très cher. 응, 하지만 또한 매우 비싸지.
Situation n°2 Image B	Vous désirez, madame? 원하시는게 있으세요, 부인?
	Je voudrais une baguette, s'il vous plaît! 바게뜨 주세요!
Situation n°3 Image C	Il y a beaucoup de monde ici! 여기 사람들이 많은데!
	C'est normal. Tout le monde veut visiter le musée du Louvre. 당연하지. 모든 사람들이 이 루브르 박물관을 방문하길 원하거든.
Situation n°4 Image F	Tu es libre ce soir? 너 오늘 저녁에 시간 있니?
	Désolé, mais je vais au concert avec mes amis. 유감이지만 난 친구들과 공연에 갈꺼야.
	Ah bon? Est-ce que je peux y aller avec vous? 아 그래? 나도 너희들과 거기 같이 가도 될까?
Situation n°5 Image D	Qu'est-ce que vous voulez comme dessert? 후식으로 무엇을 드시겠어요?
	Je vais prendre une glace. 아이스크림을 먹을래요.
Situation N°6 Image E	Quelle belle voiture! Elle est à toi? 자동차가 정말 예쁜데! 네 거니?
	Non, c'est la voiture de mon père. 아니, 아버지의 자동차야.

1. le pays

나 라	pays développé [선진국] beau pays de France [아름다운 나라 프랑스]
지 방	pays chaud(froid) [열대(한대)지방]
고 향	pays natal [고향] quitter son pays [고향을 떠나다]

2. cher(ère)

사랑하는	cher ami [사랑하는 친구에게]
비 싼	restaurant pas cher [비싸지 않은 식당]

■ 형용사의 여성형

-er → -ère	léger → légère [가벼운] étranger → étrangère [외국의]
	familier → familière [친근한] premier → première [첫번째의]

3. le monde

세 계	partout dans le monde [세계 도처에서] faire le tour du monde habiter au bout du monde [아주 먼 곳에 살다] [세계 일주하다]
세 상	Le monde est petit. [세상은 좁다] venir au monde [태어나다]
사람들	Tout le monde est content. [모든 사람들이 만족해 한다]

4. libre

자유로운	Il a l'esprit libre. [그는 자유로운 사상을 지니고 있다]
빈, 시간이 있는	taxi vide [빈 택시] place libre [빈 자리]

5. prendre

je	tu	il, elle	nous	vous	ils, elles
prends	prends	prend	prenons	prenez	prennent
잡 다	prendre qn par la main [~와 악수하다]				
입 다	prendre un parapluie pour sortir [외출하려 우산을 휴대하다]				
먹 다	prendre ses repas [식사를 하다] Le malade n'a rien pris depuis deux jours. [환자는 이틀 전부터 아무 것도 먹지 않았다]				
타 다	prendre un taxi (le métro, l'autobus, le train, le bateau, l'avion) [택시 (지하철, 버스, 기차, 배, 비행기)를 타다]				

6. le soir

새벽	아침	오후	저녁	밤
l'aube	le matin	l'après-midi	le soir	la nuit

저녁	tous les soirs [매일 저녁] À ce soir! [저녁에 보자!] du matin au soir [한나절 내내]

7. 강세인칭대명사와 용법

1) 형 태

	주어		강세			주어		강세	
1. Sg	Je		**Moi**		1. Pl	Nous		**Nous**	
2. Sg	Tu		**Toi**		2. Pl	Vous		**Vous**	
3. Sg	Il	Elle	**Lui**	**Elle**	3. Pl	Ils	Elles	**Eux**	**Elles**

2) 용 법

- 주어 앞에 쓰여서 주어를 강조
  Moi, je prends du café. Et toi, tu prends quoi?
  [나는 커피 마실거야. 너는 뭐 마실거니?]
- et, ou와 함께
  Paul et moi, nous allons au cinéma. [뽈하고 나는 극장에 간다]
- 전치사와 함께
  Il travaille avec moi. [그는 나와 함께 일한다]
  Il va venir chez moi. [그는 내 집에 올꺼야]
- C'est 다음
  C'est toi qui as raison. [옳은 것은 너야]
- 답변으로 홀로 쓰인다
  Qui va partir? [누가 떠날거니?] Moi. [나]

8. belle(beau) : 남성형의 형태가 두 개인 형용사들

남성명사 단수앞	모음 또는 묵음의 h의 남성명사 단수앞	여성단수 명사앞
beau garçon	bel arbre [아름다운 나무]	belle fille
nouveau sac	nouvel ami [새로운 친구]	nouvelle voiture
vieux chien	vieil hôtel [낡은 호텔]	vieille maison

3. 날씨, 노트르담 대성당, 안부, 성, 지하철, 교외 산책에 관한 대화와 삽화

예 제

Vous allez entendre plusieurs petits dialogues correspondant à des sotuations différentes. Vous aurez 15 secondes de pause après chaque dialogue. Puis vous entendrez à nouveau les dialogues et pourrez compléter vos réponses. Regardez d'abord les images.

3. Associez chaque situation à une image.

Image A

Image B

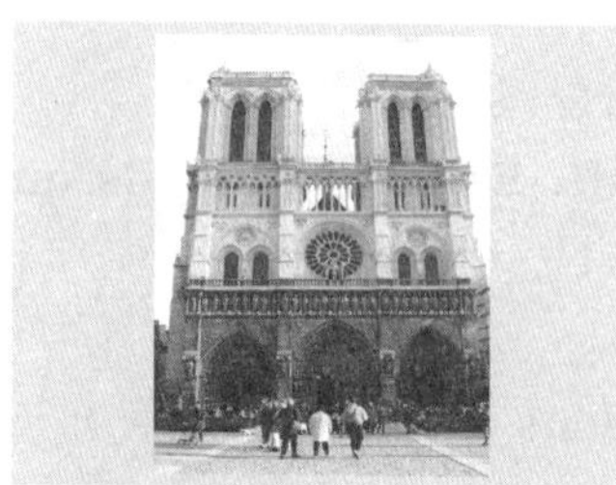

Image C

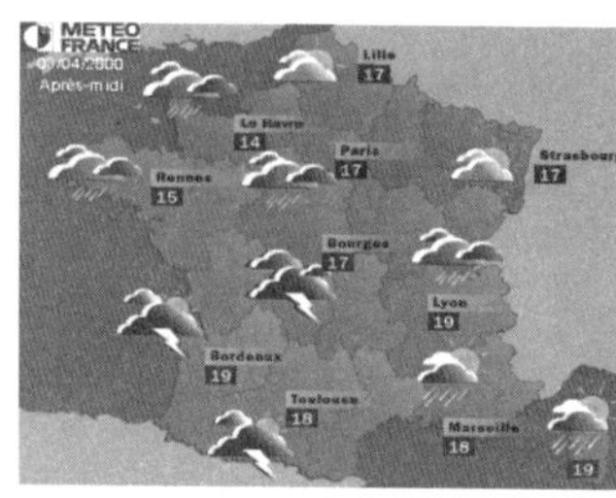

Image D

Image E

Image F

해석 및 분석

Situation n°1 Image C	Quel temps fait-il à Paris? 파리 날씨가 어때?
	Il va pleuvoir cet après-midi. 오늘 오후에 비가 올거야.
Situation n°2 Image B	Qu'est-ce que c'est? 이것이 무엇이죠?
	C'est la cathédrale de Notre Dame. 노트르담 대 성당이에요.
	C'est très grande. 매우 크군요.
Situation n°3 Image A	Bonjour, monsieur! Comment allez-vous? 안녕하세요. 어떻게 지내세요?
	Je vais bien merci. 잘 지냅니다, 고마워요.
Situation n°4 Image F	Regarde ça! C'est un château! 저거 봐! 성이야!
	C'est magnifique! D'ailleurs, il y a un très beau jardin. 멋있는데! 게다가 아주 아름다운 정원이 있어.
Situation n°5 Image E	On est en retard au rendez-vous! On prend un taxi? 약속에 늦었어. 택시를 탈까?
	Non, il faut prendre le métro. C'est plus rapide. 아니, 지하철을 타야해. 그게 더 빨라.
Situation N°6 Image D	Ça fait du bien de marcher en pleine campagne. 교외에서 걸으니까 아주 좋은데.
	Oui, c'est bon pour la santé des gens plus âgés comme nous. 응, 우리같이 나이가 든 사람들의 건강을 위해 아주 좋아.

1. le temps

시 간	Le temps presse. gagner du temps	[시간이 없다] [시간을 벌다]
시 대	ces derniers temps	[최근]
날 씨	beau(mauvais) temps C'est le temps perdu.	[좋은(나쁜)날씨] [시간낭비]

2. 비인칭 주어의 il

날 씨	Il fait beau(mauvais). [날씨가 좋다(나쁘다)]
시 간	Il est midi. [정오다]
il faut + 동사원형	Il faut partir tout de suite. [즉시 떠나야 한다]
Il est 형용사 **de** + 동사원형	Il est facile de conduire. [운전하는 건 쉬워]

3. plus

beaucoup의 비교급	Il travaille plus que moi. [그는 나보다 일을 많이 한다]
plus ~ que	Il est plus grand que moi. [그는 나보다 키가 크다]
ne ~ plus	Je n'ai plus faim. [더 이상 배고프지 않아]

4. grand [명사 앞에 위치하는 형용사들(비교적 짧은 형용사들)]

un **beau** sourire [아름다운 미소]	une **jolie** robe [예쁜 치마]
un **petit** chien [조그마한 개]	une **grande** maison [큰 집]
une **grosse** femme [뚱뚱한 부인]	une **mauvaise** idée [잘못된 생각]
un **nouveau** voisin [새로운 이웃]	un **vieux** chat [늙은 고양이]

5. 비교급

우등비교 : **plus A que B**	Elle est plus belle que sa mère. [그녀는 어머니보다 더 아름답다]
동등비교 : **aussi A que B**	Il est aussi intelligent que moi. [그는 나만큼 영리하다]
열등비교 : **moins A que B**	Il est moins rapide que toi. [그는 너보다 덜 빨라]

6. bien

부 사	잘	Tout s'est bien passé.	[모든 게 잘 진행됐다]
	매우	manger bien chaud	[아주 뜨거울 때 먹다]
	분명	C'est bien lui.	[분명 그 사람이야]
형용사	좋은	C'est bien.	[잘 됐어]
	사이가 좋은	Ils sont bien ensemble.	[그들은 사이가 좋아]
	기분좋은	On est bien ici.	[여기 기분이 좋은데]

4. 놀이, 자전거, 개학, 스키, 장보기, 공원에 관한 대화와 삽화

예 제

Vous allez entendre plusieurs petits dialogues correspondant à des sotuations différentes. Vous aurez 15 secondes de pause après chaque dialogue. Puis vous entendrez à nouveau les dialogues et pourrez compléter vos réponses. Regardez d'abord les images.

4. Associez chaque situation à une image.

Image A

Image B

Image C

Image D

Image E

Image F

해석 및 분석

Situation n°1 Image D	Jean! C'est à toi de jouer! 장! 네가 할 차례야!
	Compte sur moi! On va gagner. 나를 믿어! 우리가 이길꺼야.
Situation n°2 Image A	Pierre! Attends-moi! Faire du vélo, c'est trop dur pour moi. 삐에르! 기다려! 자건거를 탄다는 건 나한테 너무 힘들어.
	Viens vite! 빨리 와!
Situation n°3 Image E	Il y a beaucoup d'étudiants dans la classe. 교실에 학생들이 많은데.
	C'est normal. Aujourd'hui, c'est la rentrée. 당연하지. 오늘이 개학 첫날이거든.
Situation n°4 Image C	Alors, vous êtes prêt à descendre? 자, 내려갈 준비가 되셨죠?
	J'ai peur parce que c'est la première fois que je fais du ski. 스키를 처음 타는 것이라서 무서운데요.
Situation n°5 Image B	Qu'est-ce qu'on doit acheter? 뭐를 사야하지?
	Six bouteilles d'eau, des légumes, des fruits et du pain. 물 6병, 야채, 과일 그리고 빵.
Situation n°6 Image F	Maman! viens ici! Il y a beaucoup de petits bateaux là-bas. 엄마! 이리 와 보세요! 저기에 조그마한 배가 많아요.
	Fais attention à l'eau, mon chérie! 물 조심해라, 애야!

1. jouer

자동사	놀 다	Les enfants jouent dans la cour. [아이들이 마당에서 놀고 있다]
	경기하다	Notre équipe jouera ce soir. [우리 팀이 오늘 저녁 경기를 한다]
간접타동사	게임하다	jouer au football(tennis) [축구(테니스)를 하다]
직접타동사	시합하다	jouer un match [시합을 하다]

2. compter

직접타동사	세다	compter de l'argent	[돈을 세다]
간접타동사	기대하다	Je compte sur vous.	[당신을 믿습니다]
자동사	계산하다	compter sur ses doigts	[손가락으로 셈하다]

3. gagner

돈을 벌다	gagner de l'argent [돈을 벌다] Il gagne 1000 euros par mois. [그는 한달에 1000유로를 번다]
시간을 벌다	Cela nous permet de gagner du temps. [그렇게 하면 시간을 벌 수 있을거야]
승리하다	Notre équipe a gagné le match. [우리 팀이 시합을 이겼다]

4. attendre

j'	tu	il, elle	nous	vous	ils, elles
attends	attends	attend	attendons	attendez	attendent
기다리다	attendre le train		[기차를 기다리다]		
기대하다	Qu'attendez-vous de moi?		[나에게서 무엇을 기대하죠?]		

5. dur(e)

딱딱한	être dur comme le fer viande dure	[쇠처럼 딱딱한] [질긴 고기]
힘 든	montagne dure à monter	[올라가기 힘든 산]

6. la classe

교 실	entrer en classe	[교실에 들어가다]
학 급	camarade de classe Cette classe est toujours bruyante.	[동급생] [이 교실은 항상 시끄럽다]
계 급	classe moyenne [중산층]	classe ouvrière [노동자 계급]
등 급	classe économique voyager en seconde classe	[이코너믹 클라스] [이등칸을 타고 여행하다]

7. normal

정상의	Il n'est pas normal. température normale	[그는 정상이 아니다] [평온]
당연한	C'est bien normal.	[그건 당연하다]

8. premier(ère)

첫째의, 최초의	premier amour Première Guerre mondiale	[첫사랑] [세계 제 1차 대전]
제1의	premier prix voyager en première classe C'est la première fois que ...	[1등상] [1등칸으로 여행하다] [~한 것이 처음이다]

9. avoir + 무관사 명사 : 동사구

avoir chaud [덥다]	avoir faim [배고프다]	avoir tort [틀리다]
avoir froid [춥다]	avoir soif [목마르다]	avoir raison [옳다]
avoir confiance [신임하다]		

10. 부분관사 de : 전체의 일부를 나타내는 관사로 셀 수 없는 명사 앞에 사용한다.

남성단수	여성단수	모음, 묵음의 h의 남, 여 단수명사
de + le → du	**de la → de la**	**de l'**

1) 셀 수 없는 물질명사와 추상명사 앞

물질명사	du sucre [설탕]	de la farine [밀가루]	de l'alcool [알콜]
	de l'eau [물]	du thé [차]	du café [커피]
	du vin [포도주]	de la bière [맥주]	
추상명사	du courage [용기]	de la force [힘]	de l'espoir [희망]
	de l'énergie [에너지]	de la musique [음악]	

2) faire 동사가 '실제로 무엇을 직접 하는 것'의 의미일 경우, 뒤에 부분관사를 쓴다:

faire du tennis [테니스를 치다]
du football [축구를 하다]
du piano [피아노를 치다]

PREMIÈRE PARTIE : Exercice 4 유형

각종 상황의 대화에 관련된 문제

내 용	- 병원 - 학교 - 식당, 카페
핵 심	- 대화자들 간의 관계 (친구, 환자와 의사, 부모와 자식) 파악 - 대화의 대상 (영화, 운동, 사람) - 대화가 이루어지는 장소(병원, 학교)

Vous allez entendre plusieurs petits dialogues correspondant à des situations différentes. Vous aurez 15 secondes de pause après chaque dialogue. Puis vous entendrez à nouveau les dialogues et pourrez compléter vos réponses. Lisez d'abord les questions.
(당신은 다른 상황에 해당하는 여러 개의 짧은 대화를 듣게 될 것입니다. 각 대화를 듣고 난 후 15 칸의 시간을 갖게 됩니다. 그런 후 또 새로운 대화들을 듣고 답변을 완성하면 됩니다. 우선 질문을 읽으세요.)

Associez chaque situation à un dialogue. Pour chaque situation, répondez à la question en mettant une croix dans la case correspondante.
(각 상황을 대화와 연결하세요. 각 상황에 대해 해당하는 칸에 X를 써넣어 답하세요.)

1. plusieurs [몇몇의]

부정형용사	à plusieurs reprises plusieurs fois	[여러 번 되풀이하여] [여러 번]
부정대명사	plusieurs d'entre vous	[우리들 중 여러 명]

2. après

전치사	시간 : ~후에	Venez après 10 heures. [10시 이후에 오세요]
	순서 : ~다음	L'amusement passe après le travail. [유흥은 일을 하고 난 다음이다]
	+ 부정법과거	Il est sorti après avoir dîné. [식사 후에 외출했다]
	숙어적 표현	après tout [결국] d'après ___ [~에 따르면]
부 사	시간 : 나중에	Vingt ans après [20년 후에]
	공간 : 다음에	Voilà la poste. La gare est après. [여기가 우체국이에요. 역은 다음이에요]

3. chaque

~마다	Chaque homme a ses défauts. chaque année chaque fois que _____.	[사람마다 결점은 있다] [매년] [~할 때마다]

1. 특정인물(선생님, 모녀), 상점에서 점원과 손님, 인물에 관한 대화

예 제

Vous allez entendre plusieurs petits dialogues correspondant à des situations différentes. Vous aurez 15 secondes de pause après chaque dialogue. Puis vous entendrez à nouveau les dialogues et pourrez compléter vos réponses. Lisez d'abord les questions.

1. Associez chaque situation à un dialogue. Pour chaque situation, répondez à la question en mettant une croix dans la case correspondante.

Situation n°1

Où se passe-t-il?	
Dans un restauant	
Dans un zoo	
Dans un magasin	
À l'école	

Situation n°2

Qui parle?	
Une mère et sa fille	
Deux amies	
Une mère et son fils	
Un père et sa fille	

Situation n°3

Où se passe-t-il?	
Dans une gare	
Dans une librairie	
Dans un magasin	
Dans une pharmacie	

Situation n°4

De quoi parlent-ils?	
D'un ami	
D'une fille	
D'un animal	
D'un objet	

해석 및 분석

청취내용

Situation n°1	Tu as vu le nouveau prof de français? 너 새로운 프랑스어 선생님을 봤니?
	Oui. 응.
	Il est comment? 그 선생님은 어때?
	Il est grand et beau. 키가 크고 잘 생겼어.
Situation n°2	Marie! Tu dois rentrer à la maison après l'école. 마리! 너 방과 후에 집으로 와야 한다.
	Je ne peux pas, maman. Aujourd'hui, c'est l'anniversaire de Paul et il m'a invité à dîner chez lui. 그럴 수가 없어요, 엄마. 오늘 뽈의 생일인데 자기 집에 저녁 식사 초대를 했거든요.
Situation n°3	Bonjour, madame ! Je peux vous aider? 안녕하세요, 부인! 도와드릴까요?
	Oui. Je voudrais acheter une robe pour ma fille. 예. 내 딸 옷을 사려고 하는데요.
	Quelle est sa taille? 치수가 어떻게 되죠?
	40. 40이요.
Situation n°4	Excusez-moi, monsieur! Vous n'avez pas vu ma fille? 실례합니다! 내 딸을 못 봤어요?
	Elle est comment? 어떻게 생겼는데요?
	Elle est petite et mignnone. Elle a de grands yeux et elle porte un pantalon rouge. 키가 작고 귀여워요. 큰 눈을 하고 있고 붉은 색 바지를 입고 있어요.

1. nouveau

명사 뒤 : 최근의	modèle nouveau mode nouvelle	[신형] [최신 유행]
명사 앞 : 새로운	nouvel an son nouveau mari	[새해] [그녀의 새 남편]

■ 남성형의 형태가 두 개인 형용사들

남성단수	모음, 묵음의 h의 남성 단수	여성단수
nouveau [새로운]	nouvel ami [새로운 친구]	nouvelle voiture
beau [아름다운]	bel arbre	belle fille
vieux [낡은]	vieil homme	vieille femme

2. comment

어떻게	Comment faire? Comment est-il? Comment trouvez-vous ce chapeau?	[어떻게 하지?] [그는 어때?] [이 모자 어떻게 생각해?]
감 탄	Comment? Qu'est-ce que vous dites? [뭐라구요? 뭐라고 말씀하셨죠?]	

3. 상대방의 제안이나 부탁을 거절할 때

Je	suis désolé(e)	mais	je ne peux pas.
	voudrais bien		
	veux bien		

4. 목적어를 두 개 요구하는 타동사들

apporter	사물	**à**	사람	~을 ~에게 가져오다	apporter un cadeau à X [X에게 선물을 가져오다]
demander				~을 ~에게 요구하다	demander une aide à X [X에게 도움을 청하다]
donner				~을 ~에게 주다	donner un livre à X [X에게 책을 주다]
écrire				~을 ~에게 쓰다	écrire une lettre à X [X에게 편지를 쓰다]
emprunter				~을 ~에게 빌리다	emprunter de l'argent à X [X에게 돈을 빌리다]
envoyer				~을 ~에게 보내다	envoyer un colis à X [X에게 소포를 보내다]
expliquer				~을 ~에게 설명하다	expliquer la situation à X [X에게 상황을 설명하다]
montrer				~을 ~에게 보이다	montrer une carte à X [X에게 지도를 보여주다]
prêter				~을 ~에게 빌려주다	prêter un stylo à X [X에게 만년필을 빌려주다]
proposer				~을 ~에게 제안하다	proposer un mariage à X [X에게 결혼을 제안하다]
raconter				~을 ~에게 이야기하다	raconter une histoire à X [X에게 이야기를 하다]
rendre				~을 ~에게 돌려주다	rendre une bague à X [X에게 반지를 돌려주다]

문제 풀이

Situation n°1

Où se passe-t-il? [어디서 일어나고 있는가?]	
Dans un restauant [식당]	
Dans un zoo [동물원에서]	
Dans un magasin [상점에서]	
À l'école [학교에서]	X

Situation n°2

Qui parle? [누가 말을 하고 있는가?]	
Une mère et sa fille [엄마와 딸]	X
Deux amies [두 친구]	
Une mère et son fils [엄마와 아들]	
Un père et sa fille [아버지와 딸]	

Situation n°3

Où se passe-t-il? [어디서 일어나고 있는가?]	
Dans une gare [기차역에서]	
Dans une librairie [서점에서]	
Dans un magasin [상점에서]	X
Dans un pharmacie [약국에서]	

Situation n°4

De quoi ils parlent? [무엇에 대해 말하는가?]	
D'un ami [친구에 대해]	
D'une fille [딸에 대해]	X
D'un animal [동물에 대해]	
D'un objet [물건에 대해]	

2. 특정인물, 부탁, 음료주문, 의견 묻기에 관한 대화

예 제

Vous allez entendre plusieurs petits dialogues correspondant à des situations différentes. Vous aurez 15 secondes de pause après chaque dialogue. Puis vous entendrez à nouveau les dialogues et pourrez compléter vos réponses. Lisez d'abord les questions.

2. Associez chaque situation à un dialogue. Pour chaque situation, répondez à la question en mettant une croix dans la case correspondante.

Situation n°1

Où se passe-t-il?	
Dans un restaurant	
Dans un cinéma	
Dans une classe	
À l'aéroport	

Situation n°2

Qui parle?	
Un professeur et un étudiant	
Deux amies	
Un père et son fils	
Deux médecins	

Situation n°3

Où se passe-t-il?	
Dans un cinéma	
Dans une bibliothèque	
Dans un hôpital	
Dans un restaurant	

Situation n°4

De quoi parlent-ils?	
D'un objet	
D'une fille	
D'un animal	
D'une famille	

해석 및 분석

청취내용

Situation n°1	Tu connais la fille blonde là-bas? 너 저기 있는 금발 여자애를 아니?
	Oui, c'est une nouvelle étudiante de la classe. 응, 새로운 학급 친구야.
	Comme elle est belle! 정말 아름답다!
Situation n°2	Isabelle! Tu es libre ce soir? 이자벨! 너 오늘 저녁 시간 있어?
	Oui, pourquoi? 응, 왜?
	Je dois aller à la gare. Tu peux garder mes enfants? 나 역에 가야 하거든. 내 애들을 봐줄 수 있어?
	Pas de problème. 문제 없어.
	Merci. Tu es ma meilleure amie. 고마워. 넌 최고의 친구야.
Situation n°3	Qu'est-ce que vous voulez comme boisson, mesdames? 음료수로 무엇을 드시겠어요?
	Moi, un jus de fruits. 난 과일쥬스요.
	Et moi, un thé. 난 차를 주세요.
Situation n°4	Patrick! J'ai acheté ce chapeau. Comment tu le trouves? 빠트릭! 나 이 모자 샀어. 어떻게 생각해?
	Ça te va bien. 너한테 잘 어울려.

1. 색깔을 나타내는 형용사들

blanc [흰 색의]	noir [검은 색의]	bleu [푸른 색의]	gris [회색의]
rouge [붉은 색의]	vert [녹색의]	marron [밤색의]	brun [갈색의]

2. 감탄문

1) 의문형용사와 같은 형태로서 동사는 흔히 나타나지 않는다.

Quelle belle femme! [정말 아름다운 여인이군!]
Quel joli cadeau! [정말 예쁜 선물이군!]

2) 부 사

- Que : Qu'il est beau! [그는 정말 잘 생겼어!]
- Ce que : Ce que tu es beau! [너는 정말 잘 생겼구나!]
- Comme : Comme elle est belle! [그녀는 정말 아름답군!]
- Combien : Combien je regrette de ne pas venir plus tôt!
[내가 조금 더 일찍 오지 못한 것이 얼마나 후회되는지!]

3. 불규칙한 비교급 형태

<table>
<tr><td>bon</td><td>meilleur</td></tr>
<tr><td>bien</td><td>mieux</td></tr>
<tr><td rowspan="2">petit</td><td>plus petit 치수를 나타낼 때</td></tr>
<tr><td>moindre 가치나 중요성을 나타낼 때</td></tr>
<tr><td rowspan="2">mauvais</td><td>plus mauvais</td></tr>
<tr><td>pire 강조의 형태</td></tr>
</table>

Cet homme est meilleur que je ne pensais.
[이 남자는 내가 생각했던 것 보다 더 났다]
Marie chante mieux que Sophie. [마리는 소피보다 노래를 더 잘 한다]

4. 직접목적보어 인칭대명사

<table>
<tr><td></td><td></td><td>단 수</td><td>복 수</td></tr>
<tr><td>1인칭</td><td></td><td>me</td><td>nous</td></tr>
<tr><td>2인칭</td><td></td><td>te</td><td>vous</td></tr>
<tr><td rowspan="3">3인칭</td><td>남 성</td><td>le</td><td rowspan="2">les</td></tr>
<tr><td rowspan="2">여 성</td><td>la</td></tr>
<tr><td colspan="2">en</td></tr>
</table>

■ le, la, les 는 다음을 대체할 수 있다 :

a) 정관사, 소유형용사, 지시형용사가 선행하는 한정 보통명사

– Tu as lu le dernier livre de Jean? Oui. je l'ai lu.
[너 장의 최근 책을 읽었니?] [응, 그것을 읽었어]

– J'ai acheté cette robe au magasin. [이 옷을 상점에서 샀어]
Je la trouve très bien. [아주 좋은데]

b) 문맥이나 상황에 의해 한정되는 보통명사

– Vous avez une carte d'identité? [당신 신분증 있으세요?]
Non, je l'ai laissée chez moi. [아니오. 집에 두고 왔어요]

c) 고유명사

– Tu as trouvé Paul? Non, je ne l'ai pas encore trouvé.
[너 뽈을 찾았니?] [아니, 그를 아직 찾지 못했어]

문제 풀이

Situation n°1

Où se passe-t-il? [어디서 일어나고 있는가?]	
Dans un restaurant [식당에서]	
Dans un cinéma [극장에서]	
Dans une classe [교실에서]	X
À l'aéroport [공항에서]	

Situation n°2

Qui parle? [누가 말하고 있는가?]	
Un professeur et un étudiant [선생님과 학생]	
Deux amies [두 친구]	X
Un père et son fils [아버지와 아들]	
Deux médecins [두 의사들]	

Situation n°3

Où se passe-t-il? [어디서 일어나고 있는가?]	
Dans un cinéma [극장에서]	
Dans une bibliothèque [도서관에서]	
Dans un hôpital [호텔에서]	
Dans un restaurant [식당에서]	X

Situation n°4

De quoi parlent-ils? [무엇에 대해 말하는가?]	
D'un objet [물건에 대해]	X
D'une fille [소녀에 대해]	
D'un animal [동물에 대해]	
D'une famille [가족에 대해]	

3. 기차표 구매, 의견, 과일 구매, 특정인물에 관한 대화

예 제

Vous allez entendre plusieurs petits dialogues correspondant à des situations différentes. Vous aurez 15 secondes de pause après chaque dialogue. Puis vous entendrez à nouveau les dialogues et pourrez compléter vos réponses. Lisez d'abord les questions.

3. Associez chaque situation à un dialogue. Pour chaque situation, répondez à la question en mettant une croix dans la case correspondante.

Situation n°1

Où est-ce?	
Dans un restaurant	
Dans un magasin	
Dans un café	
À la gare	

Situation n°2

Qui parle?	
Mari et sa femme	
Un monsieur et une mademoiselle	
Deux enfants	
Un professeur et une étudiante	

Situation n°3

Où est-ce?	
Dans une pharmacie	
À l'école	
Au marché	
Dans une boulangerie	

Situation n°4

De quoi parlent-ils?	
D'un membre de la famille	
D'un ami	
D'un animal	
D'une fille	

해석 및 분석

청취내용

Situation n°1	Je voudrais acheter un billet de train pour Paris, s'il vous plaît! 파리행 기차표를 사고 싶은데요!
	Première classe ou seconde classe? 일등칸이요, 이등칸이요?
	Seconde classe s'il vous plaît! 2등칸 주세요!
Situation n°2	Chéri! Quand est-ce que tu rentres demain? 여보! 내일 언제 들어와요?
	À 18 h. Pourquoi? 18시에. 왜?
	Mon ami m'a donné deux tickets de cinéma pour demain soir. On y va? 내 친구가 내일 저녁에 하는 극장표 두장을 줬어요. 갈까요?
	C'est bien. On va dîner au restaurant après le film. 좋지. 영화 본 다음에 식당에 저녁 먹자구.
Situation n°3	Vos fruits sont bons? 이 과일들 맛있어요?
	Bien sûr, madame. Ce sont des fruits très sucrés. 물론이죠, 부인. 매우 단 과일들이에요.
	Et les pommes, ça coûte combien par kilo? 이 사과는 킬로에 얼마죠?
	4 euros, madame. 4유로입니다.
Situation n°4	Qui est cet homme sur la photo? 사진 속에 이 남자 누구니?
	C'est mon oncle. 내 삼촌이야.
	Il est très beau. 잘 생겼는데.
	Oui, d'ailleurs il gagne beaucoup d'argent parce qu'il est médecin. 응, 게다가 의사이기 때문에 돈도 많이 벌어.

1. 간접목적보어 인칭대명사

		단 수	복 수
1인칭		me	nous
2인칭		te	vous
3인칭	남 성	lui	leur
	여 성		

1) 간접목적보어 인칭대명사는 항상 사람을 나타내며 거의 동사 앞에 위치한다.

Tu téléphones souvent à Paul? Oui. je lui téléphone tous les jours.
[너 뽈에게 자주 전화하니?] [응, 그에게 매일 전화해]

2) 직접목적보어 인칭대명사는 달리, 간접목적보어 인칭대명사 3인칭의 경우 성의 구분이 없다 :

Paul téléphone à ses filles. = Il leur parle.
Paul téléphone à ses fils. = Il leur parle.

2. rentrer [돌아오다]

partir [떠나다]	arriver [도착하다]	entrer [들어오다]	sortir [외출하다]
naître [태어나다]	mourir [죽다]	monter [올라가다]	descendre [내려가다]
aller [가다]	venir [오다]	courir [달리다]	marcher [걷다]

3. 과 일

la pomme [사과]	la poire [배]	la pêche [복숭아]
l'orange [오렌지]	le citron [레몬]	la banane [바나나]

문제 풀이

Situation n°1

Où est-ce? [어디인가?]	
Dans un restaurant [식당에서]	
Dans un magasin [상점에서]	
Dans un café [카페에서]	
À la gare [기차역에서]	X

Situation n°2

Qui parle? [누가 말을 하는가?]	
Mari et sa femme [남편과 아내]	X
Un monsieur et une mademoiselle[남자와 젊은 여자]	
Deux enfants [두 아이들]	
Un professeur et une étudiante [선생님과 여학생]	

Situation n°3

Où est-ce? [어디인가?]	
Dans un pharmacie [약국에서]	
À l'école [학교에서]	
Au marché [시장에서]	X
Dans une boulangerie [빵가게에서]	

Situation n°4

De quoi parlent-ils? [무엇에 대해 말하는가?]	
D'un membre de la famille [가족의 일원에 대해]	X
D'un ami [친구에 대해]	
D'un animal [동물에 대해]	
D'une fille [딸에 대해]	

4. 길 묻고 답하기, 환자와 의사, 비행기표 구매, 사물에 대한 대화

예 제

Vous allez entendre plusieurs petits dialogues correspondant à des situations différentes. Vous aurez 15 secondes de pause après chaque dialogue. Puis vous entendrez à nouveau les dialogues et pourrez compléter vos réponses. Lisez d'abord les questions.

4. Associez chaque situation à un dialogue. Pour chaque situation, répondez à la question en mettant une croix dans la case correspondante.

Situation n°1

Où est-ce?	
Dans la salle de bain	
À la maison	
Dans la bibliothèque	
Dans la rue	

Situation n°2

Qui parle?	
Médecin et une femme	
Deux monsieurs	
Deux enfants	
Boulanger et une fille	

Situation n°3

Où est-ce?	
À l'école	
À l'aéroport	
Au marché	
À la gare	

Situation n°4

De quoi parlent-ils?	
D'une chose	
D'un ami	
D'une famille	
D'un animal	

해석 및 분석

청취내용

Situation n°1	Excusez-moi, monsieur! Je cherche la poste. 실례합니다. 우체국을 찾고 있는데요.
	C'est un peu difficile à expliquer. Bon! Suivez-moi! 설명하기가 좀 어려운데요. 좋아요! 절 따라 오세요!
	Merci beaucoup, Vous êtes très gentil. 고맙습니다. 참 친절하시군요.
Situation n°2	Alors, madame. Qu'est-ce que vous avez? 그래, 부인. 무슨 일이시죠?
	J'ai mal à la tête. 머리가 아파요.
	Bon, voyons ça, je vais vous examiner. 자 제가 검사를 해볼께요.
Situation n°3	Je voudrais prendre le billet d'avion pour Nice, s'il vous plaît! 니스 가는 비행기표를 사려고 합니다!
	Pour combien de personnes? 몇 분이시죠?
	On est trois. 세명입니다.
Situation n°4	Véronique! Tu n'as pas vu mon stylo? 베로니끄! 너 내 만년필 못봤니?
	Non. Je ne l'ai pas vu. 아니, 못봤는데.
	C'est bizarre. Je l'ai mis juste à côté de mon livre. 이상하네. 책 바로 옆에다 놔 뒀는데.

1. 방향을 묻는 표현들

<table>
<tr><td>aller</td><td colspan="6" rowspan="2">tout droit [곧장 가다]</td></tr>
<tr><td>continuer</td></tr>
<tr><td>prendre</td><td></td><td rowspan="3">la</td><td>première [첫번째에서]</td><td rowspan="3">rue</td><td rowspan="3">à</td><td>gauche [왼쪽으로]</td></tr>
<tr><td rowspan="2">tourner</td><td rowspan="2">à</td><td>deuxième [두번째에서]</td><td>droite [오른쪽으로]</td></tr>
<tr><td>troisième [세번째에서]</td><td></td></tr>
</table>

2. 장소에 관계되는 명사들

bureau [사무실]	cinéma [극장]	église [교회]	hôpital [병원]
librairie [서점]	magasin [상점]	musée [미술관]	classe [교실]
parc [공원]	place [광장]	restaurant [식당]	usine [공장]

3. suivre

뒤따르다, 따라가다	suivre qn de près [~를 바짝 붙어 뒤쫓다] Suivez la rivière jusqu'au pont. [다리까지 강가를 따라가세요]
수업을 듣다	suivre un cours [강의를 듣다]

4. 상대방의 상태를 걱정할 때 묻는 표현

무슨 일이야?	Qu'est-ce que tu as?	Qu'est-ce qui se passe?
	Qu'est-ce qu'il y a?	Qu'est-ce qui ne va pas?

5. 신체의 일부를 나타내는 말

주어 + avoir mal	**au**	bras [팔]	pied [발]	ventre [배]	nez [코]
	à la	jambe [다리]	tête [머리]	main [손]	
	à l'	oeil [눈]	oreille [귀]		
	aux	yeux [눈]			

문제 풀이

Situation n°1

Où est-ce?	[어디인가?]	
Dans la salle de bain	[목욕탕에서]	
À la maison	[집에서]	
Dans la bibliothèque	[도서관에서]	
Dans la rue	[거리에서]	X

Situation n°2

Qui parle?	[누가 말을 하는가?]	
Médecin et une femme	[의사와 여인]	X
Deux monsieurs	[두 남자]	
Deux enfants	[두 어린이]	
Boulanger et une fille	[빵가게 주인과 딸]	

Situation n°3

Où est-ce?	[어디인가?]	
À l'école	[학교에서]	
À l'aéroport	[공항에서]	X
Au marché	[시장에서]	
À la gare	[기차역에서]	

Situation n°4

De quoi parlent-ils?	[무엇에 대해 말하는가?]	
D'une chose	[물건에 대해]	X
D'un ami	[친구에 대해]	
D'une famille	[가족에 대해]	
D'un animal	[동물에 대해]	

DEUXIÈME PARTIE

독해평가(Compréhension des écrits)

e-mail이나 휴대폰 메시지, 다양한 내용의 광고나 안내지 또는 편지 등의 글을 읽고 주어진 질문에 답하는 유형의 문제이다. 정확한 답을 찾거나 요구하는 정답을 고르기 위해서는 무엇보다도 주어진 문제의 내용을 올바로 파악해야 하는 것이 중요하다.

CONTENT

DEUXIÈME PARTIE : Exercice 1 유형

E-mail에 관한 문제

내 용	- e-mail
핵 심	- 수신자와 발신자를 정확히 파악할 것 - 메일의 핵심 주제 내용 (생일, 결혼, 파티) 이 무엇인지를 파악할 것 - 메일 내용 중 관련되는 삽화나 사진에 유의할 것

1. 여행 초대에 관한 내용

예 제

1. Vous venez de recevoir ce message. Répondez aux questions.

> Salut Béatrice,
> C'est bientôt les grandes vacances d'été. Est-ce que tu as des projets?
> Si tu n'en as pas, voilà une proposition intéressante. Tu connais mon copain Xavier? Il a une maison au bord de la mer et il m'invite chez lui. Est-ce que tu veux venir avec moi? Je suis sûre qu'on va bien s'amuser. Si oui, réponds-moi vite. N'oublie pas d'apporter le maillot de bain.
>
> J'attends ta réponse. À Bientôt.
>
> Isabelle

1) Ce message s'adresse :

- ☐ À Béatrice.
- ☐ À Xavier.
- ☐ À Isabelle.

2) Le juillet est la saison :

- ☐ du printemps.
- ☐ de l'été.
- ☐ de l'automne.

3) La maison est :

- ☐ loin de la mer.
- ☐ près de la mer.
- ☐ au milieu de la montagne.

4) Qu'est-ce que Béatrice doit apporter?

해석 및 분석

청취내용

Salut Béatrice, 안녕, 베아트리스,

C'est bientôt les grandes vacances d'été. Est-ce que tu as des projets? Si tu n'en as pas, voilà une proposition intéressante. Tu connais mon copain Xavier? Il a une maison au bord de la mer et il m'invite chez lui. Est-ce que tu veux venir avec moi? Je suis sûre qu'on va bien s'amuser. Si oui, réponds-moi vite. N'oublie pas d'apporter le maillot de bain.

곧 여름 방학이구나. 너 계획 있니?
계획이 없으면, 제가 흥미로운 제안을 할까 해. 너 내 친구 자비에 알지? 그 친구가 바닷가 근처에 집을 가지고 있는데 자기 집에 나를 초대했어. 너 나랑 같이 갈래? 아주 재미있게 놀 것을 확신할게. 좋다면, 내게 빨리 답변을 줘. 수영복 가지고 오는 것을 잊지 말고.

J'attends ta réponse. À Bientôt. 답변을 기다릴게. 잘 있어.

Isabelle

1. en

1) 부정관사 (un, une, des)가 선행하는 명사

- Vous avez des chiens? [당신 개가 있습니까?] — Oui, j'en ai deux. [예, 두 마리 있습니다]
- Combien d'enfants avez-vous? [아이가 몇이세요?] — J'en ai un. [한 명 있어요]

2) 부분관사 (du, de la, de l')가 선행하는 명사

- Vous voulez encore du sucre? [설탕을 더 원하세요?] — Oui, merci, j'en veux bien. [예, 고마워요, 조금 더 주세요]
- Est-ce que je peux encore prendre du café?
  [커피를 더 마셔도 될까요?]
  Bien sûr, prenez-en. [물론이죠, 더 드세요]

2. chez

집에	Venez chez moi. [내 집에 오세요] J'ai acheté du pain chez le boulanger. [빵집에서 빵을 샀다]
~나라에	Ça ne se fait pas chez nous. [우리나라에서는 그렇게 안 해요]
~작품	On trouve cet exemple chez Molière. [몰리에르 작품에서 그것을 찾아볼 수 있다]

3. vouloir [원하다]

je	tu	il, elle	nous	vous	ils, elles
veux	veux	veut	voulons	voulez	veulent
+ 동사원형	Je veux travailler avec vous. [난 당신과 함께 일하고 싶어요]				

4. sûr vs sur

sûr(e) [형용사]

자신있는	Je suis sûr(e) de gagner. [난 이길 것을 확신해]
확실한	moyen sûr [확실한 수단] bien sûr. [물론이지]

sur [전치사]

위치 : ~위에	Asseyez-vous sur la chaise! [의자에 앉으세요!]
몸에 지니고	Les coréens ont toujours de l'argent sur eux. [한국사람들은 돈을 항상 수중에 가지고 있어]
~에 관하여	Je ne suis d'accord sur ce point. [이 점에 대해서는 동의할 수 없어]
~을 내걸고	Je te le promets sur mon honneur. [내 명예를 걸고 너에게 약속할께]
~중에서	J'ai 17 sur 20 en anglais. [나는 영어에서 20점 만점에 17점을 받았어]

문제 풀이

1) Ce message s'adresse : 이 메시지는 _____에게 전하는 것이다.

☒ À Béatrice.
☐ À Xavier.
☐ À Isabelle.

2) Le juillet est la saison : 7월은 _____ 계절이다.

☐ du printemps. [봄]
☒ de l'été. [여름]
☐ de l'automne. [가을]

3) La maison est : 집은 _____ 있다.

☐ loin de la mer. [바다와 멀리 떨어져]
☒ près de la mer. [바다와 가까이]
☐ au milieu de la montagne. [산 가운데]

4) Qu'est-ce que Béatrice doit apporter? : 베아트리쓰는 무엇을 가져가야 하는가?

Le maillot de bain. [수영복]

2. 생일 초대에 관한 내용

예 제

2. Vous venez de recevoir ce message. Répondez aux questions.

> Salut, les copains!
>
> Vous n'avez pas oublié que c'est bientôt mon anniversaire? Comme vous êtes tous des gourmands de la cuisine exotique, mon mari va préparer des repas coréens spécialement pour vous. J'espère que tout le monde viendra. J'attends votre réponse. Vous n'avez pas besoin d'apporter le gâteau d'anniversaire, mais n'oubliez pas que mon mari adore le vin.
> À bientôt!
>
> Véronique

1) Ce message s'adresse :

- ☐ à Véronique.
- ☐ à une amie en particulier.
- ☐ à plusieurs personnes.

2) C'est le jour :

- ☐ de mariage.
- ☐ d'anniversaire.
- ☐ de jour férié.

3) Qui va préparer le repas?

- ☐ Le frère de Véronique.
- ☐ La fille de Véronique.
- ☐ Le mari de Véronique.

4) Qu'est-ce que les invités doivent apporter?

청취내용

Salut, les copains! 안녕, 친구들!

Vous n'avez pas oublié que c'est bientôt mon anniversaire? Comme vous êtes tous des gourmands de la cuisine exotique, mon mari va préparer des repas coréens spécialement pour vous. J'espère que tout le monde viendra. J'attends votre réponse. Vous n'avez pas besoin d'apporter le gâteau d'anniversaire, mais n'oubliez pas que mon mari adore le vin.

너희들 곧 내 생일이라는 것을 잊지 않고 있겠지? 너무 모두 이국적인 음식들을 좋아하니까 내 남편이 너희들을 위해 특별히 한국 음식을 준비할 거야. 모두 왔으면 바래. 답변을 기다릴께. 생일케익을 가져올 필요는 없지만 내 남편이 포도주를 아주 좋아한다는 것을 잊지마.

À bientôt! 곧 보자!

Véronique

1. oublier [잊어버리다]

+ 명사구	J'ai oublié son numéro de téléphone. [그의 전화번호를 잊어버렸다]
+ de + 동사원형	N'oubliez pas de venir demain. [내일 오는 것을 잊지 마세요]

2. tout [대명사]

단 수	tout	L'argent n'est pas tout. [돈이 전부가 아니다]
복 수	tous	Je vous invite tous. [당신 전부 초대할께요]
	toutes : 모음, 무성 h 앞	Elles sont toutes chez elles. [모두 집에 있어]

3. le repas

식 사	léger repas [간단한 식사] préparer un repas [식사 준비하다]

4. espérer

j'	tu	il, elle	nous	vous	ils, elles
espère	espères	espère	espérons	espérez	espèrent
+ 명사	espérer une récompense. [보상을 바라다]				
+ 동사원형	J'espère bien terminer ce travail. [난 이 일을 끝내길 바란다]				
+ 절	J'espère que tout se passera bien. [다 잘 되기를 바란다]				

5. 국가, 국민 및 언어

국 가	국 민		국 가	국 민	
	남 성	여 성		남 성	여 성
Corée [한국]	coréen	coréenne	France [프랑스]	français	française
Chine [중국]	chinois	chinoise	Italie [이탈리아]	italien	italienne
Japon [일본]	japonais	japonaise	Canada [캐나다]	canadien	canadienne

6. 남성과 여성의 성이 다른 명사들

남 성	여 성	남 성	여 성
homme [남자]	femme [여자]	garçon [소년]	fille [소녀]
père [아버지]	mère [어머니]	fils [아들]	fille [딸]
frère [형제]	sœur [자매]	oncle [삼촌]	tante [숙모]
neveu [조카]	nièce [여조카]	roi [왕]	reine [여왕]
coq [수탉]	poule [암탉]	papa [아빠]	maman [엄마]

문제 풀이

1) Ce message s'adresse : 이 메시지는 ____에게 전하는 것이다.

☐ à Véronique. [베로니끄]
☐ à une amie en particulier. [특별한 친구에게]
☒ à plusieurs personnes. [여러 사람에게]

2) C'est le jour : ____날이다.

☐ de mariage. [결혼]
☒ d'anniversaire. [생일]
☐ de jour férié. [공휴일]

3) Qui va préparer le repas? : 누가 식사를 준비하는가?

☐ Le frère de Véronique [베로니끄의 동생]
☐ La fille de Véronique [베로니끄의 딸]
☒ Le mari de Véronique [베로니끄의 남편]

4) Qu'est-ce que les invités doivent apporter? : 손님들은 무엇을 가져가야 하는가?

→ Le vin [포도주]

3. 여행 초대에 관한 내용

예 제

3. Vous venez de recevoir ce message. Répondez aux questions.

> Aline,
>
> J'ai quinze jours de vacances du 5 au 20 juillet. Je vais aller à la montagne avec mes amis Jean et Pollock. Nous cherchons une fille gentille, sportive et surtout bonne cuisinière. C'est toi! Tu viens?

1) Ce message s'adresse :

- ☐ à Aline.
- ☐ à Jean.
- ☐ à Pollock.

2) Il a deux semaines de vacances au mois de :

- ☐ juin.
- ☐ juillet.
- ☐ janvier.

3) Ils passent leurs vacances :

- ☐ au bord de la mer.
- ☐ à la montagne.
- ☐ à la campagne.

4) Aline fait bien la cuisine. :

- ☐ Vrai.
- ☐ Faux.
- ☐ On ne sait pas.

해석 및 분석

청취내용

> Aline, 알린느
>
> J'ai quinze jours de vacances du 5 au 20 juillet. Je vais aller à la montagne avec mes amis Jean et Pollock. Nous cherchons une fille gentille, sportive et surtout bonne cuisinière. C'est bien toi! Tu viens?
>
> 7월 5일부터 20일까지 난 2주간의 휴가야. 난 친구들과 산에 갈 거야. 우린 아주 친절하고 운동을 좋아하며 특히 음식을 잘하는 여자를 찾고 있어. 바로 너 말야. 너 올래?

1. jour

하루	il y a trois jours [삼일 전에] ce jour-là [그날에] jour de pluie [비오는 날]
특정한 날	jour férié [휴일] Quel jour est-ce aujourd'hui? [오늘 무슨 요일입니까?]

2. 단수와 복수의 의미가 다른 명사들

단 수	복 수	단 수	복 수
vacance [빈자리]	vacances [휴가]	lunette [망원경]	lunettes [안경]

문제 풀이

1) Ce message s'adresse : 이 메시지는 ___에게 전하는 것이다.

☒ à Aline.
☐ à Jean.
☐ à Pollock.

2) Il a deux semaines de vacances au mois de : 그는 ___달에 2주간에 휴가가 있다.

☐ juin. [6월]
☒ juillet. [7월]
☐ janvier. [1월]

3) Ils passes leurs vacances : 이들은 휴가를 ___서 보낸다.

☐ au bord de la mer. [바닷가에서]
☒ à la montagne. [산에서]
☐ à la campagne. [교외에서]

4) Aline fait bien la cuisine. : 알린느는 음식을 잘한다.

☒ Vrai.
☐ Faux.
☐ On ne sait pas.

DEUXIÈME PARTIE : Exercice 2 유형

광고나 안내지에 관한 문제

내 용	- 분실(사람, 물건, 동물)에 관한 광고지 - 구인(직업, 친구) 광고지 - 판매(집, 자동차)에 관한 광고지
핵 심	- 광고지의 내용에 대한 특성(사람, 물건, 동물의 외모나 형태) 파악 - 원하는 사람의 조건(성별, 외모, 나이, 직업, 취미, 기호도) 파악 - 판매 또는 구입하길 원하는 조건(가격, 상태) 파악

1. 거주지 구매에 관한 광고

예 제

1. Vous cherchez un logement et vous trouvez plusieurs annonces sur l'Internet. Répondez aux questions.

Annonce n° 1

Dans le 12e arrdt.
petit appartement avec salon,
1 chambre, 1 salle de bains,
cuisine.

Annonce n° 2

Appartement,
2 pièces, cuisine, salle de bains,
WC, 12e arrondissement, 3e étage,
ascenseur, très clair.

Annonce n° 3

Grand appt.
avec 2 chambres, salle de bains,
salon, grande cuisine,
dans beau quartier.

Annonce n° 4

Dans le 14e arrt. appt.
3 chambres, 2 salles de bains,
salle à manger.

1) Vous êtes seul et il vous faut un appartement d'une seule chambre.
Vous vous intéressez à l'annonce n° _______.

2) Vous avez une femme et deux enfants. Il vous faut trois chambres avez deux salle de bains. Vous vous intéressez à l'annonce n° _______.

해석 및 분석

Vous cherchez un logement et vous trouvez plusieurs annonces sur l'Internet. Répondez aux questions.
(당신은 숙소를 찾고 있는데 인터넷에서 몇 개의 광고를 발견하게 된다. 질문에 답하시오)

Annonce n° 1

Dans le 12e arrdt. petit appartement avec salon, 1 chambre, 1 salle de bains, cuisine. 12구. 거실, 방 하나, 목욕탕, 부엌이 딸린 조그만 아파트

Annonce n° 2

Appartement, 2 pièces, cuisine, salle de bains, WC, 12e arrondissement, 3e étage, ascenseur, très clair. 아파트, 방 2개, 부엌, 목욕탕, 화장실 12구, 3층, 엘리베이터, 매우 밝음

Annonce n° 3

Grand appt. avec 2 chambres, salle de bains, salon, grande cuisine, dans beau quartier. 큰 아파트. 방 2개, 목욕탕, 거실, 큰 부엌, 좋은 동네에 위치해 있음

Annonce n° 4

Dans le 14e arrt. appt. 3 chambres, 2 salles de bains, salle à manger. 14구. 아파트, 방 3개, 목욕탕 2개, 식당

1. une annonce

통지	À l'annonce de cette nouvelle, il a pleuré. [이 소식을 접하고 그는 울었다]
광고	petites annonces [구직, 구인 광고] annonce publicitaire [선전광고]

2. une pièce

조 각	se briser en mille pièces [산산조각 나다]
낱 개	Ils coûtent deux euros pièce. [하나에 2유로다] vendre à la pièce [낱개로 팔다]
방	appartement de quatre pièces [방 4개짜리 아파트]

3. la cuisine

부 엌	ustensiles de cuisine [부엌 조리도구 일체]
요 리	faire la cuisine [요리하다] apprendre la cuisine française [프랑스 요리를 배우다]

4. la salle

방, 실	salle à manger [식당] salle d'attente [대기실] sallle de classe [교실]	salle de reception [응접실] salle d'exclusivités [개봉관] salle de conférences [강연실]

5. clair(e)

밝은	La lune est claire ce soir. [오늘 밤 달이 밝다] temps clair [갠 날씨]
분명한	C'est claire comme le jour. [명약관화하다]

문제 풀이

1. Vous cherchez un logement et vous trouvez plusieurs annonces sur Internet. Répondez aux questions.

1) Vous êtes seul et il vous faut un appartement d'une seule chambre. Vous vous intéressez à l'annonce n° 1.
[당신은 혼자이고 방이 한 개만 있는 아파트가 필요하다. 2번 광고에 관심이 있다]

2) Vous avez une femme et deux enfants. Il vous faut trois chambres avez deux salle de bains. Vous vous intéressez à l'annonce n° 4.
[당신은 아내와 아이가 둘 있습니다. 두개의 욕실과 3개의 방이 필요하다. 당신은 3번 광고에 관심이 있다]

2. 여행 동반자를 구하는 광고

예 제

2. C'est bientôt les vacances d'été et vous voulez partir. Vous cherchez quelqu'un qui partage les frais. Vous trouvez plusieurs annonces sur l'internet. Répondez aux questions.

annonce n° 1

Urgent. Paris-Nante
Cherche passager pour Nante en échange du partage des frais d'essence. Téléphonez au : 01 86 57 23 89.

annonce n° 2

Cherche quelqu'un pour Nice, début juillet de préférence.
Prêt à partager les frais.
Téléphonez au 01 43 56 37 22. Le soir de préférence.

annonce n° 3

Cherche voiture pour Paris, en échange du partage des frais d'essence. Départ le 25 juillet.
Laissez un message pour Céline sur ce numéro : 01 75 89 56 21.

annonce n° 4

Urgent.
Cherche deux étudiantes pour Marseille, prêt partager les frais. Départ le 14 juillet, 11 heures en Peugeot 306.
Téléphonez à Marie 01 48 83 96 58 le matin de préférence.

1) Vous et votre ami sont étudiants. Vous voulez partir pour Marseille, mais vous n'avez pas de voiture. À quel annonce vous concerne? Annonce n°____.

2) Vous habitez à Bordeaux et vous allez à Paris à la fin de juillet. À quel annonce vous concerne? Annonce n°____.

3) Vous voulez passer vos vacances au bord de la mer. La date de départ est le 02 juillet. À quel annonce vous concerne? Annonce n°____.

해석 및 분석

C'est bientôt les vacances d'été et vous voulez partir. Vous cherchez quelqu'un qui partage les frais. Vous trouvez plusieurs annonces sur l'internet. Répondez aux questions.
(곧 여름휴가이고 당신은 떠나길 원합니다. 비용을 나눌 사람을 찾고 있습니다. 인터넷에서 여러 개의 광고를 발견합니다. 질문에 답하세요)

annonce n° 1

Urgent. Paris-Nante
Cherche passager pour Nante en échange du partage des frais d'essence. Téléphonez au : 01 86 57 23 89.
급함. 파리-낭트
기름값을 분담하는 조건으로 낭트까지 갈 여행자를 찾습니다.
01 86 57 23 89 로 전화주세요.

annonce n° 2

Cherche quelqu'un pour Nice, début juillet de préférence.
Prêt à partager les frais.
Téléphonez au 01 43 56 37 22.
Le soir de préférence.
니스까지 갈 사람을 찾습니다. 7월초면 좋겠습니다. 비용을 나눌 준비가 되신 분은 01 43 56 37 22 로 전화주세요. 저녁이면 좋겠습니다.

annonce n° 3

Cherche voiture pour Paris, en échange du partage des frais d'essence. Départ le 25 juillet.
Laissez un message pour Céline sur ce numéro : 01 75 89 56 21.
파리까지 가는 자동차를 찾습니다. 기름값을 분담하는 조건으로요. 출발은 7월 25일입니다. 이 번호로 쎌린에게 메시지를 남겨주세요 : 01 75 89 56 21.

annonce n° 4

Urgent.
Cherche deux étudiantes pour Marseille, prêt partager les frais. Départ le 14 juillet, 11 heures en Peugeot 306. Téléphonez à Marie 01 48 83 96 58 le matin de préférence.
급구.
비용을 분담하여 마르세이유까지 가는 두 여학생을 찾습니다. 출발은 7월 14일 11시고 차는 프조 306입니다. 마리에게 01 48 83 96 58로 전화주세요. 아침에 전화주시면 감사하겠습니다.

1. partager (-ger로 끝나는 1군 동사의 변화 : changer, nager...)

je	tu	il, elle	nous	vous	ils, elles
partage	partages	partage	partageons	partagez	partagent

나누다	partager les bénéfices avcc qn [~와 이익을 나누다]
공유하다	partager la chambre avec qn [~와 방을 같이 쓰다]

2. 복수형 밖에 없는 명사들

les archives [고문서]	les fiançailles [약혼식]	les frais [비용]
les funérailles [장례식]	les mœurs [풍속]	les vivres [식량]

3. le début

처음, 발단	du début à la fin [처음부터 끝까지] tout au début [처음에는] au début de [~의 초에]

4. 달(月)

1월	2월	3월	4월	5월	6월
janvier	février	mars	avril	mai	juin
7월	8월	9월	10월	11월	12월
juillet	août	septembre	octobre	novembre	décembre

5. laisser

남겨두다	laisser des restes dans son assiette [음식을 다 먹지 않고 접시에 남겨놓다]
잊어버리고 놓아두다	J'ai laissé mes clés chez moi. [열쇠를 집에 두고 왔어]
뒤에 남기다	laisser une trace [흔적을 남기다]
+ 동사원형	J'ai laissé partir Jean. [난 장이 떠나도록 놔뒀어]
+ 사람 + 속사	Laissez-moi tranquille. [날 조용히 놔두세요]

문제 풀이

1. Vous et votre ami sont étudiants. Vous voulez partir pour Marseille, mais vous n'avez pas de voiture. À quel annonce vous concerne?
[당신과 당신 친구는 학생입니다. 당신들은 마르세이유로 떠나길 원하지만 자동차가 없습니다. 어느 광고가 당신들과 관계가 있을까요?]
→ Annonce n° 4.

2. Vous habitez à Bordeaux et vous allez à Paris à la fin de juillet. À quel annonce vous concerne?
[당신은 보르도에 살고 있는데 7월 말에 파리에 가려고 합니다. 어떤 광고가 당신과 관계있을까요?]
→ Annonce n° 3.

3. Vous voulez passer vos vacances au bord de la mer. La date de départ est 1e 02 juillet. À quel annonce vous concerne?
[당신은 바닷가에서 휴가를 보내려고 합니다. 출발날짜는 7월 2일입니다. 어떤 광고가 당신과 관계있을까요?]
→ Annonce n° 2.

3. 사람을 구하는 광고

예 제

3. Vous voulez rencontrer les jeunes comme vous sur l'internet. Vous trouvez plusieurs annonces. Répondez aux questions :

annonce n° 1

Je m'appelle Giovanni.
J'ai 18 ans et je suis italien.
Je suis lycéen et j'habite à Venise.
Je vais voyager en France pendant les vacances d'été, alors je cherche un français pour apprendre le français.
Gio@internet.com

annonce n° 2

Salut!
Je m'appelle Isabelle.
J'ai 19 ans et je suis étudiante.
J'ai loué un appartement dans le 15e arrondissement mais c'est trop grand pour moi.
Alors, je cherche une fille qui veut partager cet appartement avec moi.
Téléphonez-moi au : 01 48 56 24 10

annonce n° 3

Bonjour! Je m'appelle Kuroda.
Je suis japonais et j'ai 18 ans.
Je m'intéresse beaucoup à la culture européenne.
Je voudrais rencontrer les jeunes européens.
Jku@internet.com

annonce n° 4

Je m'appelle Patrick.
J'ai 20 ans et je suis étudiant.
J'adore le football et je cherche les jeunes pour former une équipe de football. Si vous aimez aussi le football comme moi, contactez au : 01 48 78 96 21.

1) Vous habitez à Marseille et vous allez déménager à Paris pour continuer vos études. Vous avez besoin d'un logement. Vous vous intéressez à quelle annonce?

2) Vous avez 19 ans et vous pratiquez le football depuis 3 ans. Vous cherchez une équipe pour participer à la compétition sportive. Vous vous intéressez à quelle annonce?

3) Vous êtes français et vous vous intéressez beaucoup à la civilisation orientale. Vous voulez rencontrer des jeunes orientaux. Vous vous intéressez à quelle annonce?

해석 및 분석

Vous voulez rencontrer les jeunes comme vous sur l'internet. Vous trouvez plusieurs annonces. Répondez aux questions :
(당신은 인터넷에서 당신처럼 젊은 사람들을 만나길 원합니다. 여러 개의 광고를 발견하게 되는데 질문에 답하세요)

annonce n° 1

Je m'appelle Giovanni.
J'ai 18 ans et je suis italien.
Je suis lycéen et j'habite à Venise.
Je vais voyager en France pendant les vacances d'été alors, je cherche un français pour apprendre le français.
Gio@internet.com

내 이름은 지오바니입니다. 나는 18살이고 이탈리아인입니다. 난 고등학생이고 베니스에 살고 있습니다. 여름 방학에 프랑스를 여행할 것이라 프랑스어를 배우기 위해 프랑스 남자를 찾습니다.

annonce n° 2

Salut! Je m'appelle Isabelle.
J'ai 19 ans et je suis étudiante.
J'ai loué un appartement dans le 15e arrondissement mais c'est trop grand pour moi.
Alors, je cherche une fille qui veut partager cet appartement avec moi. Téléphonez-moi au : 01 48 56 24 10

안녕! 내 이름은 이자벨이야. 나는 19살이고 대학생이야. 15구에 아파트를 세들었는데 나한테는 너무 커. 그래서 나와 이 아파트를 나누어 쓸 여자를 구해. 01 42 56 24 10으로 전화줘.

annonce n° 3

Bonjour!
Je m'appelle Kuroda.
Je suis japonais et j'ai 18 ans.
Je m'intéresse beaucoup à la culture européenne.
Je voudrais rencontrer les jeunes européens.
Jku@internet.com
안녕하세요! 제 이름은 구로다입니다. 난 일본사람이고 18살입니다. 난 유럽문화에 대해 매우 관심이 높습니다. 젊은 유럽인들을 만나고 싶습니다.

annonce n° 4

Je m'appelle Patrick.
J'ai 20 ans et je suis étudiant.
J'adore le football et je cherche les jeunes pour former une équipe de football.
Si vous aimez aussi le football comme moi, contactez au : 01 48 78 96 21.
내 이름은 빠트릭입니다. 난 20살이고 대학생입니다. 축구를 아주 좋아하는데 축구팀을 구성할 젊은 사람들을 찾고 있어요. 당신도 나처럼 축구를 좋아한다면 01 48 78 96 21로 전화주세요.

1. pendant

1) 지속성을 나타내는 명사가 뒤에 올 수 있다.
   ▸ Qu'est-ce que tu vas faire pendant les vacances? [방학 동안에 뭐할꺼니?]

2) 전치사는 다음과 같은 경우 사용되지 않을 수 있다
   ■ 보어가 숫자인 경우
   J'ai dormi pendant deux heures. [나는 두 시간 동안 잠을 잤다]
   J'ai dormi deux heures.

   ■ 보어가 시간을 나타내는 표현인 경우, 형용사 tout(e)가 지속성을 강조할 때
   Il a travaillé (pendant) toute la nuit. [그는 밤새 일을 했다]
   Il a pleuré (pendant) toute la journée. [그는 하루 종일 울었다]

2. qui

1) 주어, 사람의 전치사보어
   ▸ J'ai un ami. Il vient de la Corée. [나는 한국에서 온 친구가 있다]
   J'ai un ami qui vient de la Corée.
   ▸ Le client qui est satisfait... [만족한 손님...]

▸ C'est un collaborateur sur qui on peut compter.
[그는 우리가 믿을 수 있는 협력자다]

2) ce qui + 비인칭 동사

- ce qui는 주어인 경우
  Raconte-moi ce qui s'est passé. [무슨 일이 일어났는지 나에게 말해줘]

- ce qu'il은 직접목적보어의 경우
  Volà ce qu'il reste. [이게 남은 것이야]

3) 양(quantité)과 강도(intensité)를 나타내는 부사들

많이	충분히	강하게	거의	너무
beaucoup	assez	fort	presque	trop

Il mange beaucoup. [그는 많이 먹는다]
Il aime beaucoup le football. [그는 축구를 매우 좋아한다]
Il travaille trop. [그는 너무 일을 한다]

4) 운동경기

jouer	**au**	football, tennis [축구, 테니스를 하다]
faire	**du**	

문제 풀이

1) Vous habitez à Marseille et vous allez déménager à Paris pour continuer votre étude. Vous avez besoin d'un logement. Vous vous intéressez à quelle annonce? Annonce n° 2.
[당신은 마르세이유에 살고 있고 공부를 계속하기 위해 파리로 이사를 가려 합니다. 당신은 숙소가 필요합니다. 어떤 광고에 흥미를 느끼십니까?]

2) Vous avez 19 ans et vous pratiquez le football depuis 3 ans. Vous cherchez une équipe pour participer à la compétition sportive. Vous vous intéressez à

quelle annonce? Annonce n° 4.
[당신은 19살이고 3년전부터 축구를 하고 있습니다. 운동 시합에 참가하기 위해 팀을 찾고 있습니다. 어떤 광고에 관심이 있으십니까?]

3) Vous êtes français et vous vous intéressez beaucoup à la civilisation orientale. Vous voulez rencontrer des jeunes orientaux. Vous vous intéressez à quelle annonce? Annonce n° 3
[당신은 프랑스인이고 동양 문화에 대해 관심이 많습니다. 당신은 동양 젊은이들을 만나길 원합니다. 어떤 광고에 관심이 있으세요?]

4. 호텔을 소개하는 광고

예 제

4. Vous allez passer une semaine de vacances au bord de la mer. Répondez aux questions.

Hôtel	Mirabeau	Nostalgie	du Paradie
Catégorie	★★★	★★	★
Nombre de chambres	35	30	25
Prix	80 euros	50 euros	40 euros
Confort	Très bon	Bon	Moyen
Situation	Vue mer	Vue jardin	Centre ville
Restaurant	Oui	Oui	Non
Garage	Oui	Non	Oui

1) Vous n'avez pas beaucoup d'argent et vous cherchez un hôtel le moins cher.

______________________.

2) Vous cherchez un hôtel qui a une belle vue.

______________________.

3) Vous n'avez pas besoin de garage parce que vous n'avez pas de voiture.

______________________.

해석 및 분석

Vous allez passer une semaine de vacances au bord de la mer. Répondez aux questions.
(당신은 바닷가에서 일주일간의 휴가를 보내려고 합니다. 질문에 답하세요)

1. l'hôtel

Hôtel	Mirabeau	Nostalgie	Paradie
Catégorie [등급]	★★★	★★	★
Nombre de chambres [객실 수]	35	30	25
Prix [가격]	80 euros	50 euros	40 euros
Confort [쾌적함]	Très bon [아주 좋음]	Bon [좋음]	Moyen[보통]
Situation [상황]	Vue mer [바다가 보임]	Vue jardin [정원이 보임]	Centre ville [중심가]
Restaurant [식당]	Oui	Oui	Non
Garage [주차장]	Oui	Non	Oui

호텔, 관공소	l'hôtel de tourisme [관광호텔] l'Hôtel de ville [시청]

2. la catégorie

부 류	ranger des livres en plusieurs catégories [책을 분류 배열하다]
등 급	viande de première catégorie [일등급의 쇠고기]

3. le nombre

수 량	Quel est le nombre d'habitants de ce pays? [이 고장 주민의 수는 얼마나 되죠?] un grand nombre de [많은 수의 ~]
다 수	Ils sont venus en nombre. [그들은 여럿이 왔다]

4. le prix

값, 가격	prix de revient [원가] prix réduit [할인가]	prix fixe [정가]
상	décerner le prix [상을 수여하다]	prix d'excellence [우등상]

5. le confort

쾌 적	aimer son confort appartement qui a tout le confort	[쾌적한 생활을 좋아하다] [모든 편리한 시설을 갖춘 아파트]

6. la situation

상 황	se trouver dans une situation avantageuse situation internationale	[유리한 위치에 놓이다] [국제정세]

문제 풀이

1) Vous n'avez pas beaucoup d'argent et vous cherchez un hôtel le moins cher. : 당신은 돈이 많지 않아서 가장 싼 호텔을 찾고 있습니다.
→ Hôtel du Paradie.

2) Vous cherchez un hôtel qui a une belle vue.
: 당신은 전경이 좋은 호텔을 찾고 있습니다.
→ Hôtel de Mirabeau

3) Vous n'avez pas besoin de garage parce que vous n'avez pas de voiture.
: 당신은 자동차가 없기 때문에 주차장이 필요 없습니다.
→ Hôtel de la Nostalgie.

DEUXIÈME PARTIE : Exercice 3 유형

자동응답기, 휴대폰 메시지에 관한 문제

내 용	- 전화 자동 응답기, 휴대폰에 남겨진 메시지 - 초대 또는 편지여행 중 안부에 관한 편지
핵 심	- 주요 내용을 파악 - 요구 사항(선물 또는 당부) 을 파악

1. 거절에 관한 자동응답기 내용

예 제

1. Vous venez de recevoir ce message. Répondez aux questions.

Ariane, c'est Nicolas. Mercredi, je ne peux pas venir parce mes parents vont sortir pour la soirée et je dois garder mon frère. Désolé.
Je te rappellerai plus tard.

1) Qui a envoyé ce message?
- ☐ Ariane.
- ☐ Nicolas.
- ☐ On ne sait pas.

2) Ses parents vont :
- ☐ au cinéma.
- ☐ à la soirée.
- ☐ au concert.

3) Qu'est-ce qu' il(elle) doit faire?
- ☐ Il(Elle) doit garder la maison.
- ☐ Il(Elle) doit garder son frère.
- ☐ Il(Elle) doit garder son chien.

해석 및 분석

청취내용

Ariane, c'est Nicolas. Mercredi, je ne peux pas venir parce que mes parents vont sortir pour la soirée et je dois garder mon frère. Désolé.
Je te rappellerai plus tard.
아리안느, 나 니콜라야. 수요일날 부모님이 저녁에 외출하셔서 동생을 돌봐야 하기 때문에 갈수가 없어. 미안해. 나중에 전화할게.

1. devoir

je	tu	il, elle	nous	vous	ils, elles
dois	dois	doit	devons	devez	doivent
해야 한다	Tu dois revenir avant minuit. [너 자정 전까지 돌아와야 해]				

2. garder

보관하다	garder des légumes au frais [야채를 시원한 곳에 보관하다] Tu peux me garder ma place? [내 자리 좀 봐줄래?]
돌보다	garder un enfant (malade) [(아픈) 아이를 돌보다]

3. tard

늦게	se coucher tard [늦게 잠자리에 들다] C'est trop tard. [너무 늦었어]

문제 풀이

1. Vous venez de recevoir ce message. Répondez aux questions.

1) Qui a envoyé ce message? : 이 메시지는 누가 보냈는가?

☐ Ariane.
☒ Nicolas.
☐ On ne sait pas.

2) Où est-ce que les parents de Nicolas vont? : 니콜라의 부모님은 어디 가시는가?

☐ au cinéma [극장에]
☒ à la soirée [저녁모임에]
☐ au concert [연주회에]

3) Qu'est-ce qu' il(elle) doit fair? : 니콜라는 무엇을 해야 하는가?

☐ Il(Elle) doit garder la maison. [집을 봐야 한다]
☒ Il(Elle) doit garder son frère. [동생을 돌봐야 한다]
☐ Il(Elle) doit garder son chien. [개를 돌봐야 한다]

2. 약속에 관한 자동응답기 내용

예 제

2. Vous venez de recevoir ce message. Répondez aux questions.

Patrick! C'est moi Pierre. Pourquoi tu n'es pas encore venu? Ça fait 30 minutes que je t'attends. Tu as oublié notre rendez-vous? Je suis au café <Deux Margots>. Viens vite!

1) Qui reçoit ce message?

- ☐ Patrick.
- ☐ Pierre.
- ☐ On ne sait pas.

2) Combien de temps Pierre attend-t-il Patrick?

- ☐ Une demie heure.
- ☐ Quinze minutes.
- ☐ Une heure.

3) Où est-ce que Pierre attend Patrick?

- ☐ Au restaurant.
- ☐ Au cinéma.
- ☐ Au café.

해석 및 분석

Patrick! C'est moi Pierre. Pourquoi tu n'es pas encore venu? Ça fait 30 minutes que je t'attends. Tu as oublié notre rendez-vous? Je suis au café <Deux Margots>. Viens vite!
빠트릭! 나야 삐에르. 너 왜 아직 안 오니? 너를 기다린지 30분이 됐어. 우리 약속을 잊어버렸니? 나 <D.M>카페에 있어. 빨리 와!

1. ne ~ pas encore

부정의 ne ... pas와 시간의 부사 encore가 결합한 것으로 어떤 행위가 곧 발생할 것을 의미한다.

1) déjà 의 부정

Il est déjà parti?	Non, il n'est pas encore parti, mais il va bientôt partir.
[그는 벌써 떠났니?]	[아니, 아직 떠나지 않았지만 곧 떠날거야]

2) 홀로 쓰여 질문에 대한 답변

Paul est renu?	Non, pas encore.
[뽈이 왔니?]	[아니, 아직]

2. 복합과거 : être + 자동사의 과거분사

aller	~에 가다	Je suis allé à l'école. [나는 학교에 갔다]
venir	~에 오다	Il est venu me voir. [그는 나를 보러 왔다]
arriver	도착하다	Il est arrivé à l'heure. [그는 정시에 도착했다]
partir	떠나다	Elle est partie ce matin. [그녀는 오늘 아침에 떠났다]
entrer	들어오다	Il est entré dans sa chambre. [그는 자기 방으로 들어갔다]
sortir	나가다	Elle est sortie sans rien dire. [그녀는 아무 말 없이 나갔다]
monter	오르다	Il est monté à la montagne. [그는 산에 올랐다]
descendre	내려가다	Il est descendu par l'escalier. [그는 계단으로 내려왔다]
passer	지나가다	Il est passé par la fenêtre. [그는 창문으로 지나갔다]
tomber	떨어지다	L'échelle est tombée. [사다리가 쓰러졌다]

3. vite

빨리	Il marche plus vite que moi. [그는 나보다 빨리 걷는다]

문제 풀이

2. Vous venez de recevoir ce message. Répondez aux questions.

1) Qui reçoit ce message? : 누가 이 메시지를 받는가?

☒ Patrick.
☐ Pierre.
☐ On ne sait pas.

2) Combien de temps Pierre attend-t-il Patrick? : 삐에르는 빠트릭을 몇 분 기다렸나?

☒ Une demie heure. [30분]
☐ Quinze minutes. [15분]
☐ Une heure. [1시간]

3) Où est-ce que Pierre attend Patrick? : 삐에르는 빠트릭을 어디에서 기다리고 있는가?

☐ Au restaurant. [식당에서]
☐ Au cinéma. [극장에서]
☒ Au café. [카페에서]

3. 부탁에 관한 자동응답기 내용

예 제

3. Vous venez de recevoir ce message. Répondez aux questions.

<Chérie, c'est moi Xavier. Bon, tu n'es pas là mais j'espère que tu trouveras mon message rapidement. J'ai laissé mon passeport à la maison.
Je dois prendre l'avion à 15 heures et il ne reste qu'une heure. Viens à l'aéroport avec mon passeport le plus vite possible.>

1) Xavier doit prendre :

☐ le train.
☐ l'avion.
☐ le bus.

2) Qu'est-ce qu'il a oublié?

☐ son portefeuille.
☐ son passeport.
☐ sa clé.

3) À quelle heure Xavier a-t-il laissé le message téléphonique?

☐ À 14 h.
☐ À 15 h.
☐ À 16 h.

해석 및 분석

<Chérie, c'est moi Xavier. Bon, tu n'es pas là mais j'espère que tu trouveras mon message rapidement. J'ai laissé mon passeport à la maison.
Je dois prendre l'avion à 15 heures et il ne reste qu'une heure. Viens à l'aéroport avec mon passeport le plus vite possible.>
여보, 나 자비에야. 자리에 없는 모양인데 내 메시지를 빨리 보기를 바래. 내가 여권을 집에 두고 왔어. 15시에 비행기를 타야 하는데 1시간 밖에 남지 않았어. 최대한 빨리 내 여권을 가지고 공항으로 와 줘.

1. la maison

집	maison à vendre [팔 집] garder la maison [가사를 돌보다]	maison de campagne [시골집]
건물	maison de santé [요양소]	maison de la culture [문화회관]

2. 시 간

정오	자정	15분	30분	~분 전	15분 전
midi	minuit	et quart	et demie	moins	moins le quart

3. ne ~ que [= seulement : 단지 ~뿐이다]

Il n'a que de la passion. [그는 열정만 있을 뿐이다]

4. possible

가능한	Ce que vous dites est très possible. [당신이 말한 것은 얼마든지 가능합니다]

문제 풀이

3. Vous venez de recevoir ce message. Répondez aux questions.

1) Xavier doit prendre : 자비에는 _____을 타야만 한다.

☐ le train. [기차]
☒ l'avion. [비행기]
☐ le bus. [버스]

2) Qu'est-ce qu'il a oublié? : 그는 무엇을 잊었는가?

☐ son portefeuille. [그의 지갑]
☒ son passeport. [그의 여권]
☐ sa clé. [그의 열쇠]

3) À quelle heure Xavier a-t-il laissé le message téléphonique?
: 자비에는 몇시에 전화 메시지를 남겼는가?

☒ À 14 h.
☐ À 15 h.
☐ À 16 h.

4. 도착(기차역)을 알리는 휴대폰 문자메시지 내용

예 제

4. Vous recevez ce message par le téléphone portable. Répondez aux questions.

Paul! J'arrive à la gare de Lyon mardi 21 à 18 heures.
Rendez-vous au point rencontre.
Bises

Hélène

1) Qui a laissé ce message?
- ☐ Paul.
- ☐ Hélène.
- ☐ On ne sait pas.

2) À quel gare le train arrive-t-il?
- ☐ Gare de montparnasse.
- ☐ Gare de Lyon.
- ☐ Gare de l'Est.

3) À quelle heure le train arrive-t-il? ______________________.

해석 및 분석

청취내용

Paul! J'arrive à la gare de Lyon mardi 21 à 18 heures.
Rendez-vous au point rencontre. Bises

Hélène

뽈! 나 21일 화요일 18시에 리용역에 도착해. 만남의 장소에서 보자.

1. arriver

도착하다	Le train arrive à la gare. [기차가 역에 도착한다]
발생하다	Il lui est arrivé un accident de voiture. [그에게 자동차 사고가 발생했다]

2. une heure

시 간	un quart d'heure [15분] Quelle heure est-il? [몇시 입니까?] partir dans deux heures [두시간 후에 떠나다]
시 기	C'est l'heure de déjeuner [점심 먹을 때다]

3. le point

사 항	point commun	[공통점]	point faible	[약점]
득 점	marquer un point	[득점하다]	compter les points	[점수 계산하다]
구두점	point d'interrogation	[물음표]	point d'exclamation	[감탄부호]

문제 풀이

4. Vous recevez ce message par le téléphone portable. Répondez aux questions.

1) Qui a laissé ce message? : 누가 이 메시지를 남겼는가?

☐ Paul.
☒ Hélène.
☐ On ne sait pas.

2) À quel gare le train arrive-t-il? : 기차가 어느 역에 도착하는가?

☐ Gare de montparnasse
☒ Gare de Lyon.
☐ Gare de l'Est

3) À quelle heure le train arrive-t-il? : 기차는 몇 시에 도착하는가?

→ 18h.

5. 도착(공항)을 알리는 휴대폰 문자메시지 내용

예 제

5. Vous recevez ce message par le téléphone portable. Répondez aux questions.

Chère Isabelle
J'arrive à l'aéroport de Marseille jeudi 20 à 11 heures. Rendez-vous à la sortie numéro 2.
Amitié

François

1) Quel moyen de transport François utilise-t-il?

☐ L'avion.
☐ Le train.
☐ Le bateau.

2) Il prend rendez-vous à la sortie numéro _____.

3) Quelle est la date d'arrivée?

☐ 11.
☐ 19.
☐ 20.

해석 및 분석

Chère Isabelle
J'arrive à l'aéroport de Marseille jeudi 20 à 11 heures.
Rendez-vous à la sortie numéro 2.
Amitié

François

이자벨에게
마르세이유 공항에 20일 목요일 11시에 도착해. 2번 출구에서 만나.

1. 형용사의 여성형

남성 ➡ 여성		
... → + -e	grand → grande [큰]	petit → petite [작은]
-e → -ère	cher → chère [비싼]	fier → fière [자랑스런]
-on → -onne	bon → bonne [좋은]	mignon → mignonne [귀여운]
-f → -ve	vif → vive [생생한]	actif → active [활동적인]
-x → -se	affreux → affreuse [끔찍한]	ambitieux → ambitieuse [야망의]
-eau → -elle	beau → belle [아름다운]	nouveau → nouvelle [새로운]
-(i)en → (i)enne	ancien → ancienne [오랜]	coréen → coréenne [한국의]

2. la sortie

외출	Voilà sa première sortie depuis sa maladie. [그는 병이 난 후 첫 번째 외출이다]
출구	sortie de garage (métro) [출고(출구)] sortie de secours [비상구]

3. le numéro

번호	numéro de téléphone [전화번호] numéro d'une place [자리 번호] numéro gagant de la loterie [복권 당첨번호]
호	dernier numéro [최신호] numéro spécial [특별호]

4.une amitié

단수 : 우정	L'amitié entre homme et femme est délicate. [남녀간의 우정이란 미묘한 것이다]
복수 : 안부	Faites mes amitiés à votre famille. [가족한테 안부 전해줘요]

문제 풀이

5. Vous recevez ce message par le téléphone portable. Répondez aux questions.

1) Quel moyende transport François utilise-t-il? : 프랑수아는 어떤 교통편을 타는가?

☒ L'avion. [비행기]
☐ Le train. [기차]
☐ Le bateau. [배]

2) Il prend rendez-vous à la sortie numéro 2. : 그는 2번 출구에서 약속을 정한다.

3) Quelle est la date d'arrivée? : 도착 날짜가 언제인가?

☐ 11.
☐ 19.
☒ 20.

DEUXIÈME PARTIE : Exercice 4 유형

일정표에 관한 문제

내 용	- 기차, 비행기 시간표에 관한 문제 - 관람시간 예정표에 관한 문제 - 개인 일정표(학교 수업 시간표, 생일 기록)에 관한 문제
핵 심	- 출발시간과 출발 장소 및 도착시간과 도착지를 파악 - 과목에 해당하는 시간 파악 - 영화, 연극 등의 관람하고자 하는 내용과 시간 파악

1. 개인생활 일정표에 관한 내용

예 제

1. Voici l'emploie du temps de Cécile. Répondez aux questions.

<table>
<tr><td>l'heure</td><td>lundi - vendredi</td><td>week-end</td></tr>
<tr><td>6 h 30</td><td>Je me réveille et je fais ma toilette.</td><td></td></tr>
<tr><td>7 h 30</td><td>Je prends le petit-déjeuner.</td><td>Je me réveille.</td></tr>
<tr><td>8 h 00</td><td>Je vais au bureau.</td><td>Je prends le petit-déjeuner et je fais du sport.</td></tr>
<tr><td>12 h 00</td><td>Je prends le déjeuner avec mes collégues.</td><td>Je déjeune avec ma famille.</td></tr>
<tr><td>18 h 30</td><td>Je fais la cuisine et je dîne.</td><td rowspan="2">Je rencontre mes amis et on va au cinéma après le dîner.</td></tr>
<tr><td>21 h 00</td><td>Je regarde le film à la télé.</td></tr>
<tr><td>23 h 00</td><td>Je vais au lit.</td><td>Je vais au lit.</td></tr>
</table>

1) À quelle heure Cécile se réveille-t-elle le week-end? ____________________.

2) Qu'est-ce qu'elle fait à 8h 00 le week-end? ____________________.

3) Avec qui est-ce que Cécile prend le dîner le week-end? ________________.

4) Elle ________________ à 23 h 00.

해석 및 분석

Voici l'emploie du temps de Cécile. Répondez aux questions.
(여기 세씰의 일과표가 있습니다. 질문에 답하세요.)

l'heure 시간	lundi ~ vendredi 월~금	week-end 주말
06 h 30	Je me réveille et je fais ma toilette. [일어나서 씻는다]	
07 h 30	Je prends le petit-déjeuner. [아침식사를 한다]	Je me réveille. [일어난다]
08 h 00	Je vais au bureau. [사무실에 간다]	Je prends le petit-déjeuner et je fais du sport. [아침식사를 하고 운동을 한다]
12 h 00	Je prends le déjeuner avec mes collégues. [동료들과 점심식사를 한다]	Je déjeune avec ma famille. [가족과 점심식사를 한다]
18 h 30	Je fais la cuisine et je dîne. [요리를 하고 저녁을 먹는다]	Je rencontre mes amis et on va au cinéma après le dîner. [친구들과 만나 저녁 식사 후 영화관에 간다]
21 h 00	Je regarde le film à la télé. [TV에서 영화를 본다]	
23 h 00	Je vais au lit. [잠자리에 든다]	Je vais au lit. [잠자리에 든다]

1. réveiller vs se réveiller

깨우다	Réveillez-le, c'est l'heure. [그를 깨우세요, 시간이 됐어요]
깨다	Elle s'est réveillée à 5 heures. [그녀는 5시에 깼다]

se réveiller [잠을 깨다]	se lever [일어나다]	se laver [씻다]
s'habiller [옷을 입다]	prendre le petit-déjeuner [아침식사를 하다]	aller au travail(à l'école) [직장(학교)에 가다]
déjeuner [점심식사하다]	rentrer à la maison [귀가하다]	dîner [저녁식사하다]
regarder la télé [TV를 시청하다]	se déshabiller [옷을 벗다]	se coucher [잠자리에 들다]
s'endormir [잠을 자다]		

2. la toilette

단수 : 화장	table de toilette [화장대]　serviette de toilette [세면용 타월] toilette de chat [하나마나한 세수]
복수 : 화장실	Où sont les toilettes? [화장실이 어디 있죠?]

3. 친근한 관계를 나타내는 어휘들

친 구		동 료	
ami (amie)	copain (copine)	camarade	collégue

4. le lit

침 대	Allons, les enfants, au lit! [자, 애들아 잠잘 시간이야!] faire son lit [침대를 정리하다]　lit pour deux personnes [2인용 침대]

문제 풀이

1. Voici l'emploie du temps de Cécile. Répondez aux questions.

1) À quelle heure Cécile se réveille-t-elle le week-end?
: 주말에는 몇 시에 쎄실은 잠을 깨는가?
→ À 7h 30.

2) Qu'est-ce qu'elle fait à 8h le week-end? : 주말 8시에 그녀는 무엇을 하는가?
→ Elle prend le petit-déjeuner et elle fait du sport.
[아침식사를 하고 운동을 한다]

3) Avec qui est-ce que Cécile prend le dîner le week-end?
: 쎄실은 주말에 누구와 저녁을 먹나?
→ Elle dîne avec ses amis. [친구들과 저녁을 먹는다]

4) Elle <u>se couche</u> à 23 h 00. : 그녀는 23시에 <u>잠자리에 든다</u>.

2. 여행일정표에 관한 내용

예 제

2. Marie va partir en voyage en France. Voici le programme de son voyage. Répondez aux questions.

Lundi 28 mai	17 h : Arrivée à l'aéroport de Roissy.
	18 h : Arrivée à l'hôtel de Concorde et le dîner.
Mardi 29	Matin : Visite de la Tour Eiffel, les Invalides.
	Après-midi : Visite du musée du Louvre.
Mercredi 30	Visite du château de Versailles.
Jeudi 31	Visite du Montmartre et le déjeuner.
Vendredi 1er juin	Journée libre. Possibilité d'aller aux Champs-Elysées.
Samedi 2	Départ de l'aéroport de Roissy pour la Corée.

1) À quel hôtel Marie prend-t-elle le dîner? ______________________.

2) Quand est-ce que Marie visite la Tour Eiffel? ______________________.

3) Qu'est-ce qu'elle va faire le 31 jeudi? ______________________.

4) À quel pays va-t-elle le 2 samedi? ______________________.

해석 및 분석

Marie va partir en voyage en France. Voici le programme de son voyage. Répondez aux questions.
(마리는 프랑스로 여행을 떠나려고 합니다. 여기에 그녀의 여행 계획이 있습니다. 질문에 답하세요)

Lundi 28 mai 5월 28일 월요일	17 h : Arrivée à l'aéroport de Roissy. 17시 : 루아씨 공항 도착
	18 h : Arrivée à l'hôtel de Concorde et le dîner. 18시 : 콩코르드 호텔에 도착, 그리고 저녁식사
Mardi 29 29일 화요일	Matin : Visite de la Tour Eiffel, les Invalides. 아침 : 에펠탑, 앵발리드 방문
	Après-midi : Visite du musée du Louvre. 오후 : 루브르 박물관 방문
Mercredi 30 30일 수요일	Visite du château de Versaille 베르사이유 궁전 방문
Jeudi 31 31일 목요일	Visite du Montmartre et le déjeuner 몽마르트르 방문과 점심식사
Vendredi 1er juin 6월 1일 금요일	Journée libre. Possibilité d'aller aux Champs-Elysées. 자유시간. 샹젤리자에 갈 가능성.
Samedi 2 2일 토요일	Départ de l'aéroport de Roissy pour la Corée. 한국으로 가기 위해 루와씨 공항 출발.

1. l'arrivée

도 착	heure d'arrivée [배달 시간]
결승점	ligne d'arrivée [결승선]

2. dîner

동사 : 저녁식사 하다	inviter qn à dîner [~를 저녁식사에 초대하다]
명사 : 저녁식사	dîner d'affaire [사업상 식사]

3. la visite

방 문	faire une petite visite en passant [지나가다 잠깐 들리다] J'ai rendu visite à mon ami. [나는 친구 집을 방문했다]

4. la journée

하 루	en fin de journée [저녁때] pendant la journée [낮동안] toute la journée [하루종일]
일 급	femme de journée [일일파출부] être payé à la journée [일당으로 받다]

문제 풀이

2. Marie va partir en voyage en France. Voici le programme de son voyage. Répondez aux questions.

1) À quel hôtel Marie prend-t-elle le dîner? : 마리는 저녁을 어느 호텔에서 먹는가?
→ L'hôtel de la Concorde.

2) Quand est-ce que Marie visite la Tour Eiffel? : 마리는 언제 에펠탑을 방문하는가?
→ 29 Mardi.

3) Qu'est-ce qu'elle va faire le 31 jeudi? : 그녀는 31일 목요일에 무엇을 할 것인가?
→ Elle va visiter le Montmartre. [몽마르트를 방문할 예정이다]

4) À quel pays va-t-elle le 2 samedi? : 그녀는 2일 토요일에 어떤 나라에 가는가?
→ Elle va aller en Corée. [한국에 갈 예정이다]

3. 수업시간표에 관한 내용

예 제

3. Voici l'emploi du temps de David, un étudiant français. Répondez aux questions.

<table>
<tr><th></th><th>Lundi</th><th>Mardi</th><th>Mercredi</th><th>Jeudi</th><th>Vendredi</th></tr>
<tr><td>09h – 10h</td><td>français</td><td>musique</td><td rowspan="8">pas de cours</td><td>anglais</td><td>maths</td></tr>
<tr><td>10h – 11h</td><td colspan="2"></td><td>histoire</td><td></td></tr>
<tr><td>11h – 12h</td><td>philosophie</td><td>gymnastique</td><td></td><td>français</td></tr>
<tr><td>12h – 13h</td><td colspan="2">déjeuner</td><td colspan="2">déjeuner</td></tr>
<tr><td>13h – 14h</td><td>histoire</td><td></td><td>italien</td><td></td></tr>
<tr><td>14h – 15h</td><td></td><td>linguistique</td><td></td><td>littérature</td></tr>
<tr><td>15h – 16h</td><td>anglais</td><td></td><td>philosophie</td><td></td></tr>
<tr><td>16h – 17h</td><td></td><td>maths</td><td colspan="2"></td></tr>
</table>

1) Quel jour n'a-t-il pas de cours?

2) Combien d'heures a-t-il des cours par semaine?

3) Quel jour a-t-il le moindre cours?

4) Quel jour n'y a-t-il pas de cours d'anglais?

<table>
<tr><th></th><th>Lundi
[월요일]</th><th>Mardi
[화요일]</th><th>Mercredi
[수요일]</th><th>Jeudi
[목요일]</th><th>Vendredi
[금요일]</th></tr>
<tr><td>09h - 10h</td><td>français
[프랑스어]</td><td>musique
[음악]</td><td rowspan="8">pas de
cours
[수업이 없다]</td><td>anglais
[영어]</td><td>maths
[수학]</td></tr>
<tr><td>10h - 11h</td><td colspan="2"></td><td>histoire
[역사]</td><td></td></tr>
<tr><td>11h - 12h</td><td>philosophie
[철학]</td><td>gymnastique
[체육]</td><td></td><td>français</td></tr>
<tr><td>12h - 13h</td><td colspan="2">déjeuner [점심식사]</td><td colspan="2">déjeuner</td></tr>
<tr><td>13h - 14h</td><td>histoire</td><td></td><td>italien
[이탈리아어]</td><td></td></tr>
<tr><td>14h - 15h</td><td></td><td>linguistique
[언어학]</td><td></td><td>littérature
[문학]</td></tr>
<tr><td>15h - 16h</td><td>anglais</td><td></td><td>philosophie</td><td></td></tr>
<tr><td>16h - 17h</td><td></td><td>maths</td><td colspan="2"></td></tr>
</table>

1. français

<table>
<tr><td>형용사</td><td>프랑스(식)의</td><td>manger à la française [프랑스식으로 식사하다]
Elle a un ami français. [그녀는 프랑스 친구가 있다]</td></tr>
<tr><td rowspan="2">명 사</td><td>프랑스인</td><td>Les français sont très gentils.
[프랑스인들은 매우 친절하다]</td></tr>
<tr><td>프랑스어</td><td>français élementaire [기초 프랑스어]</td></tr>
</table>

2. la musique

음 악	instrument de musique [악기] musique de film [영화음악] Il passe son temps à écouter de la musique. [그는 음악을 들으며 시간을 보낸다]

3. anglais

형용사	영국(식)의	à l'anglaise [영국식의] s'en aller à l'anglaise [인사도 없이 슬그머니 가버리다]
명 사	영국인	Les anglais adorent le football. [영국인들은 축구를 아주 좋아한다]
	영 어	parler (l')anglais [영어를 하다]

4. mathématique

형용사	수학적인	Il doit réussir, c'est mathématique. [그는 성공할꺼야, 틀림없어]
명 사	수학	mathématiques appliquées [응용수학]

5. une histoire

역 사	histoire universelle [세계사] histoire ancienne [고대사]
이야기	conter une histoire [이야기를 하다] Tout ça, ce sont des histoires. [그 모든 것은 거짓이야]

6. une philosophie

철 학	philosophie orientale [동양철학] avoir une philosophie pessimiste [비관적 인생관을 가지고 있다]

문제 풀이

3. Voici l'emploi du temps de David, un étudiant français. Répondez aux questions.

1) Quel jour n'a-t-il pas de cours? : 무슨 요일이 수업이 없는가?
→ Il n'a pas de cours mercredi. [수요일에 수업이 없다]

2) Combien d'heures a-t-il des cours par semaine? : 일주일에 몇 시간의 수업을 듣는가?
→ Il a les cours de 15 heures par semaine.
[일주일에 15시간의 수업을 듣는다]

3) Quel jour a-t-il le moindre cours? : 수업이 가장 없는 요일은?
→ Vendredi [금요일]

4) Quel jour n'y a-t-il pas de cours d'anglais? : 영어수업이 없는 요일은?
→ Mardi et vendredi. [화요일과 금요일]

4. 기차일정표에 관한 내용

예 제

4. Voilà l'horaire du train. Répondez aux questions.

Numéro de train	3337	3082	3341	6037	3937	3943
Note à consulter	19		18		25	
Paris-st-Lazare	10 : 50		11 : 30	12 : 10	13 : 00	13 : 30
Bueil		11 : 50				
Bernay		12 : 10	13 : 20		15 : 00	
Lisieux	12 : 30		13 : 45	14 : 25		15 : 28
Caen	12 : 57	13 : 52	13 : 58	14 : 18	15 : 10	15 : 37

19. Circule tous les jours sauf les samedis.
18. Circule tous les jours sauf les dimanches.
25. Circule tous les jours sauf les jours fériés

1) Le train de Béatrice s'arrête à Bueil. Quel est le numéro de ce train?

2) Luc va à Caen à 14 juillet, jour de la fête nationale. Quel train ne doit-il pas prendre?

3) L'ami de Cécile l'a invité chez lui et elle va partir à samedi matin. Quel train ne doit-elle pas prendre?

해석 및 분석

1. horaire

형용사 : 매 시간의	salaire horaire [시간당 급료] ouvrier horaire [시간급을 받는 노동자]
명사 : 시간표	consulter l'horaire des trains [열차 시간표를 보다]

2. le train

기 차	voyager en train [기차로 여행하다] train express [급행열차] monter(descendre de) dans le train[기차에(서) 타다(내리다)] manquer son train [기차를 놓치다] train de Paris [파리행 기차]

3. consulter

문의하다	consulter qn sur qch [~에게 ~에 대해 상의하다]
참조하다	ouvrage à consulter [참고서] consulter un dictionnaire [사전을 보다]

4. circuler

순환하다	faire circuler l'air [환기하다]

5. sauf

~을 제외하고	Tous les invités étaient là, sauf Paul. [뽈을 제외한 모든 손님들이 왔다] Il parle de tout sauf de politique. [그는 정치를 제외하고 모든 대화의 주제로 삼는다]

문제 풀이

4. Voilà l'horaire du train. Répondez aux questions.

1) Le train de Béatrice s'arrête à Bueil. Quel est le numéro de ce train?

: 베아트리스의 기차는 Bueil에서 정차한다. 이 기차의 번호는?

→ 3082

2) Luc va à Caen à 14 juillet, jour de la fête nationale. Quel train ne doit-il pas prendre?

: 뤽은 국경일인 7월 14일에 칸느에 가려고 한다. 어느 기차를 타서는 안되는가?

→ 3937

3) L'ami de Cécile l'a invité chez lui et elle va partir à samedi matin. Quel train ne doit-elle pas prendre?

: 쎄실의 친구가 그녀를 집에 초대해서 토요일 아침에 떠나려고 한다. 그녀는 어떤 기차를 타면 안되는가?

→ 3337

TROISIÈME PARTIE

쓰기평가(Production écrite)

세 번째 단계의 쓰기평가는 각 상황에 따라 주어진 서식 양식을 올바로 기입하는 문제와 부여된 상황에 따라 (여행 중 친구에게 편지 쓰기) 간략한 소식을 전하는 내용의 글로 다음과 같이 문제의 유형을 구분할 수 있다.

CONTENT

TROISIÈME PARTIE : Exercice 1 유형

각종 서류 작성에 관한 문제

내 용	- 등록서류 기재하기 - 신분증(여권, 학생증) 내용 기재하기
핵 심	- 요구하는 내용에 합당한 내용을 기재할 것. - 각종 양식의 특성에 맞게 기재할 것.

1. 신분증 서류 작성에 관한 문제

예 제

1. Complétez la fiche.

Nom :

Prénom :

Professeion :

Date de naissance :

Adresse :

Délivré à Paris,

Valable jusqu'au

Signature

해석 및 정답

Complétez la fiche. (쪽지를 채우세요)

Nom [성] : JUNG Prénom [이름] : Ilyoung Professeion [직업] : professeur [선생] Date de naissance [생년월일] : le 06 07 1961 Adresse [주소] : 14 rue Henri Barbusse 94340 Joinville le Pont Délivré à Paris [발행처], le 04 11 2006 Valable jusqu'au [~까지 유효] le 04 11 2007 Signature [싸인]

1. le nom

이름, 성	Quel est votre nom? [당신의 이름은 무엇입니까?] nom, prénom et domicile [성명 및 주소]

2. le profession

직 업	Quel est votre profession? [당신의 직업은 무엇입니까?] sans profession [무직] menteur de profession [상습적인 거짓말쟁이]

3. la date

날 짜	Quelle date avons-nous aujourd'hui? [오늘 며칠입니까?] inscrire la date [날짜를 기입하다]

4. une adresse

주 소	partir sans laisser d'adresse [주소를 남기지 않고 떠나다] Quelle est votre adresse? [당신 주소가 어떻게 되죠?]

5. délivrer

교부하다	Ce médicament ne peut être délivré que sur ordonnance. [이 약은 처방전이 있어야만 줄 수 있습니다]

2. 구인 서류 작성에 관한 문제

예 제

2. Vous cherchez un travail et une compagne d'assurance cherche un informaticien.

Complétez cette fiche de renseignement.

FICHE DE RENSEIGNEMENT

Nom :
Prénom :
Adresse :

Téléphone :
Adresse électronique (e-mail) :

Âge :
Situation de famille :
Enfant(s) :
Langues parlées :

해석 및 정답

Vous cherchez un travail et une compagne d'assurance cherche un informaticien. Complétez cette fiche de renseignement.
(당신은 일자리를 찾고 있는데 한 보험회사에서 정보처리사를 찾고 있습니다. 다음 서류를 완성하세요)

FICHE DE RENSEIGNEMENT [자료 카드]

Nom [성] : François
Prénom [이름] : Jean Claude
Adresse [주소] : 12 rue Place d'Italie 75013 Paris
Téléphone [전화번호] : 48839658
Adresse électronique (e-mail) : [e-mail주소]
Âge [나이] : 41
Situation de famille [가족상황] : marié [기혼]
Enfant(s) [자녀] : 2
Langues parlées [구사할 수 있는 언어] : français, anglais

1. l'âge

나 이	Quel âge avez-vous? [몇 살이세요?] Il fait plus jeune pour son âge. [그는 나이에 비해 젊어보인다]
시 대	moyen âge [중세시대]

■ 어미의 형태에 따른 성의 구별

남성형 어미		여성형 어미	
-age	fromage [치즈] voyage [여행]	**-esse**	richesse [부유] sagesse [지혜]
-(e)au	bureau [사무실] chapeau [모자]	**-ette**	fillette [계집애] dette [부채]
-et	paquet [상자] ticket [표]	**-(a)ence**	expérience [경험] chance [기회]
-ment	moment [순간] logement [숙소]	**-tion**	question [질문] nation [국가]
-oir	soir [저녁] miroir [거울]	**-té**	santé [건강] bonté [호의]
-isme	communisme [공산주의]	**-ure**	blessure [상처] ceinture [벨트]
		-ie	nostalgie [향수] économie [절약]

2. la situation

상 황	se trouver dans une situation dangereuse. [위험한 상황에 놓이다]
정 세	situation internationale [국제 정세]

3. enfant

어린애	Il me prend pour un enfant. [그는 나를 어린애로 여긴다]
자 식	enfant prodige [신동] enfants gâtés [응석받이 아이]

3. 앙케이트(기호) 작성에 관한 문제

예 제

3. Complétez le questionnaire.

COMITÉ D'ENTREPRISE

COMPAGNIE D'ASSURANCE DE VIE

NOM : PRÉNOM :
UNIVERSITÉ (OU LYCÉE) :

les spectacles

Vous aimez :	un peu	beaucoup	pas du tout
• le sport (précisez : football, tennis, ski, etc)			
	☐	☐	☐
• le théâtre	☐	☐	☐
• la musique (précisez : classique, rock, jazz, rap, etc.)			
	☐	☐	☐
• la danse	☐	☐	☐

les sorties

Vous aimez :	un peu	beaucoup	pas du tout
• les restaurants	☐	☐	☐
• les musées	☐	☐	☐
• le cinéma (précisez : le film d'aventure, d'horreur, d'action, etc.)			
	☐	☐	☐
• les promenades	☐	☐	☐

해석 및 정답

COMITÉ D'ENTREPRISE
[기업운영위원회]

COMPAGNIE D'ASSURANCE DE VIE
[보험회사]

NOM : *Jean Jacques* PRÉNOM : *Frédéric*

UNIVERSITÉ (OU LYCÉE) : *Université Paris VIII* [파리 8대학]

les spectacles [당신은 관람을 좋아합니다]

Vous aimez :	un peu	beaucoup	pas du tout
• le sport (précisez : football, tennis, ski, etc) [운동 (상세히 하시오 : 축구, 테니스, 스키 등)]	☐	☒	☐
• le théâtre [연극]	☐	☐	☒
• la musique (précisez : classique, rock, jazz, rap, etc.) [음악 (상세히 하시오 : 고전, 락, 재즈, 랍 등)]	☒	☐	☐
• la danse [무용]	☐	☒	☐

les sorties [외출]

Vous aimez :	un peu	beaucoup	pas du tout
• les restaurants [식당]	☒	☐	☐
• les musées [미술관]	☐	☐	☒
• le cinéma (précisez : le film d'aventure, d'horreur, d'action, etc.) [영화관 (상세히 하시오 : 모험영화, 공포영화, 액션영화 등)]	☐	☒	☐
• les promenades [산책]	☒	☐	☐

1. le comité

위원회	membre d'un comité [위원회 임원] comité de gestion [운영위원회]

2. une entreprise

기 업	chef d'entreprise [기업주] petites et moyennes entreprises [중소기업]

3. le sport

운 동	Quel sport pratiquez-vous? [어떤 운동을 하세요?] sports individuels [개인 경기]

4. le spectacle

광 경	spectacle de la nature [자연 경관] spectacle affreux [무시무시한 광경]
공 연	aller au spectacle [공연을 보러 가다] salle de spectacle [공연장]

4. 앙케이트(개인선호) 작성에 관한 문제

예 제

4. Répondez vous-même au questionnaire

Quelles sont vos activités?

Lire le journal : Pas tous les jours (c'est ennuyeux). 3 fois par semaine.
Regarder la télévision : ____________
Écouter la radio : ____________
Lire un magazine : ____________
Sortir : ____________
Aller au restaurant : ____________
Visiter un musée : ____________
Aller au cinéma : ____________
Faire du sport : ____________

해석 및 정답

Quelles sont vos activités?
[당신의 활동은 무엇입니까?]

Lire le journal : Pas tous les jours (c'est ennuyeux). 3 fois par semaine.
신문 읽기 : 매일은 아니다 (지루하다). 일주일에 3번.
Regarder la télévision : Tous les jours. Surtout après le dîner.
TV 시청 : 매일. 특히 저녁식사 후
Écouter la radio : Tous les matins. Pour avoir des informations.
라디오 청취 : 매일 아침. 정보를 얻기 위해
Lire un magazine : Pas souvent. une fois par mois.
잡지 구독 : 자주는 아님. 한 달에 한번
Sortir : Presque tous les week-ends.
외출하기 : 거의 매주 주말
Aller au restaurant : Souvent. 4 fois par semaine.
식당에 가기 : 자주. 일주일에 4번
Visiter un musée : Pas trop souvent. deux fois par mois.
미술관 방문하기 : 그렇게 자주는 아님. 한달에 두 번
Aller au cinéma : une fois par semaine
영화관에 가기 : 일주일에 한번
Faire du sport : Tous les soirs.
운동하기 : 매일 저녁

1. une activité

활동, 활성	avoir beaucoup d'activités [활기에 넘쳐있다] affaire en pleine activité [성업 중인 사업]

2. ennuyeux(se)

지루한	ennuyeux comme la pluie [매우 지루한] question ennuyeuse [성가신 질문]

3. la semaine

주, 주간	au début de la semaine [주초에] cette semaine [이번 주] trois semaines de congé [3주간의 휴가]

4. presque

거 의	C'est presque sûr. [거의 확실하다] C'est presque de la folie. [거의 미친 짓이다]

5. souvent

흔히, 자주	Il n'est pas souvent à la maison. [그는 자주 집에 없다] assez souvent [아주 자주]

TROISIÈME PARTIE : Exercice 2 유형

편지 작성에 관한 문제

내 용	- 편지, 엽서 쓰기
핵 심	- 편지의 형식(날짜, 장소, 발신자와 수신자)을 파악 - 편지의 주요 내용(여행 일정)을 파악

1. 초대에 대해 거절을 알리는 편지 내용

예 제

Paris, le 12 février

Chère Mariane

J'ai bien reçu ta lettre d'invitation. Je voudrais bien aller te voir, mais je ne peux pas parce que j'ai un examen très important la semaine prochaine. Je te promets d'aller à Nice pour te voir pendant les vacances. Merci beaucoup pour l'invitation.

Bises

Xavier

1. Vous venez de recevoir cette lettre. Répondez aux questions.

1) Pourquoi est-ce qu'il a écrit cette lettre?

☐ Pour accepter une invitation.
☐ Pour refuser une invitation.
☐ Pour inviter son amie.

2) Qui a écrit cette lettre?

☐ Mariane.
☐ Xavier.
☐ On ne sait pas.

3) Qu'est-ce qu'il a la semaine prochaine?

☐ Un concert.
☐ Une fête.
☐ Un examen.

4) Qu' est-ce qu'il a promis à Mariane?

☐ d'aller la voir pendant les vacances.
☐ de l'inviter chez lui pendant les vacances.
☐ d'acheter une voiture pour elle.

청취내용

Paris, le 12 février 파리, 2월 12일

Chère Mariane 사랑하는 마리안느에게
J'ai bien reçu ta lettre d'invitation. Je voudrais bien aller te voir, mais je ne peux pas parce que j'ai un examen très important la semaine prochaine. Je te promets d'aller à Nice pour te voir pendant les vacances. Merci beaucoup pour l'invitation.
너의 초대 편지를 잘 받았어. 너를 보러 가고는 싶은데 그럴 수가 없는 것이 다음주에 아주 중요한 시험이 있거든. 방학동안에 너를 보러 니스에 갈것을 약속할게. 초대해줘서 고마워
Bises

Xavier

1. 동사의 원형과 과거분사

		원 형	과거분사
1군 동사	-é	aimer [좋아하다]	aimé
		chanter [노래하다]	chanté
		manger [먹다]	mangé
2군 동사	-i	finir [끝내다]	fini
		choisir [선택하다]	choisi
		grossir [살찌다]	grossi
3군 동사	-s	prendre [잡다]	pris
	-é	aller [가다]	allé
	-i	sortir [외출하다]	sorti
	-u	boire [마시다]	bu
		attendre [기다리다]	attendu

2. une lettre

철 자	epeler les lettres d'un nom [이름의 철자를 말하다]
편 지	lettre recommandée [등기편지] boîte aux lettres [우편함]

3. une invitation

초 대	carte d'invitation [초대장] recevoir une invitation à dîner [저녁 초대를 받다]

4. 목적어를 두 개 취하는 동사들

apporter	사물	**à**	사람	~을 ~에게 가져오다	apporter un cadeau à X [X에게 선물을 가져오다]
demander				~을 ~에게 요구하다	demander une aide à X [X에게 도움을 청하다]
donner				~을 ~에게 주다	donner un livre à X [X에게 책을 주다]
écrire				~을 ~에게 쓰다	écrire une lettre à X [X에게 편지를 쓰다]
emprunter				~을 ~에게 빌리다	emprunter de l'argent à X [X에게 돈을 빌리다]
envoyer				~을 ~에게 보내다	envoyer un colis à X [X에게 소포를 보내다]
expliquer				~을 ~에게 설명하다	expliquer la situation à X [X에게 상황을 설명하다]
montrer				~을 ~에게 보이다	montrer une carte à X [X에게 지도를 보여주다]
prêter				~을 ~에게 빌려주다	prêter un stylo à X [X에게 만년필을 빌려주다]
proposer				~을 ~에게 제안하다	proposer un mariage à X [X에게 결혼을 제안하다]
raconter				~을 ~에게 이야기하다	raconter une histoire à X [X에게 이야기를 하다]
rendre				~을 ~에게 돌려주다	rendre une bague à X [X에게 반지를 돌려주다]

문제 풀이

1. Vous venez de recevoir cette lettre. Répondez aux questions.
(당신은 이 편지를 방금 받았습니다. 질문에 답하시오)

1) Pourquoi est-ce qu'il a écrit cette lettre? : 그는 왜 이 편지를 썼는가?

☐ Pour accepter une invitation. [초대에 응하기 위해서]
☒ Pour refuser une invitation. [초대를 거절하기 위해서]
☐ Pour inviter son amie. [친구를 초대하기 위해서]

2) Qui a écrit cette lettre? : 이 편지를 누가 썼는가?

☐ Mariane.
☒ Xavier.
☐ On ne sait pas.

3) Qu'est-ce qu'il a la semaine prochaine? : 그는 다음 주에 뭐가 있는 것인가?

☐ Un concert. [연주회]
☐ Une fête. [축제]
☒ Un examen. [시험]

4) Qu' est-ce qu'il a promis à Mariane? : 그는 마리안느에게 무엇을 약속했는가?

☒ d'aller la voir pendant les vacances.
[휴가 동안에 그녀를 보러 간다는 것]
☐ de l'inviter chez lui pendant les vacances.
[휴가 동안에 그의 집에 그녀를 초대할 것]
☐ d'acheter une voiture pour elle.
[그녀를 위해 자동차를 사주는 것]

2. 안부 편지에 관한 내용

예 제

Paris, le 15 jullet

Cher Jean,

Comment ça va? Je suis arrivé à Paris hier soir. Quel temps fait-il là-bas aujourd'hui? Il fait très beau ici.

Paul est venu à l'aéroport pour moi et il m'a invité chez lui. Sa maison n'est pas grande mais très jolie. Sa famille est très gentille avec moi. Paul et moi, on va visiter Paris cet après-midi et on va dîner au restaurant coréen.

Bien à toi

Frédéric

2. Vous venez de recevoir cette lettre. Répondez aux questions.

1) Qui a écrit cette lettre?

- ☐ Jean
- ☐ Paul
- ☐ Frédéric

2) Comment est la maison de Paul?

- ☐ Elle est grande et jolie.
- ☐ Elle est petite et jolie.
- ☐ On ne sait pas.

3) Quel temps fait-il à Paris?

- ☐ Il pleut.
- ☐ Il neige.
- ☐ Il fait beau.

4) Où est-ce qu'ils vont dîner?

- ☐ Au restaurant japonais.
- ☐ Au restaurant chinois.
- ☐ Au restaurant coréen.

해석 및 분석

Paris, le 15 jullet 7월 15일, 파리

Cher Jean, 장에게

Comment ça va? Je suis arrivé à Paris hier soir. Quel temps fait-il là-bas aujourd'hui? Il fait très beau ici. Paul est venu à l'aéroport pour moi et il m'a invité chez lui. Sa maison n'est pas grande mais très jolie. Sa famille est très gentille avec moi. Paul et moi, on va visiter Paris cet après-midi et on va dîner au restaurant coréen.

어떻게 지내? 나는 어제 저녁 파리에 잘 도착했어. 오늘 그곳 날씨는 어때? 여기는 매우 날씨가 좋아.뽈이 나를 위해 공항에 나와주었고 자기 집에 초대했어. 그의 집은 크지는 않지만 매우 예뻐. 그의 가족은 나에게 매우 친절하게 대해주고. 뽈과 나는 오늘 오후에 파리를 구경하고 한국 식당에서 저녁식사를 할꺼야.

Bien à toi 잘 있어

Frédéric

1. 날씨에 관계되는 표현들

Quel temps fait-il?	**Il**	**fait**	+ 형용사 : chaud, froid, beau, mauvais.
		동사	Il neige(pleut).
		y a	de + 명사 : du soleil, du vent, du nuage.

2. le temps

시 간	perdre son temps [시간을 낭비하다] avoir du temps [여유가 있다]
시 대	ces derniers temps [최근에] Les temps sont dures. [살기 어려운 세상] Les temps sont bien changés. [시대가 많이 달라졌다]
날 씨	beau(mauvais) temps [좋은(나쁜) 날씨]

3. aujourd'hui

오 늘	Je n'ai pas vu Jean aujourd'hui.	[오늘 장을 못 봤어]
오늘날	la Corée d'aujourd'hui	[오늘날의 한국]

4. 직접목적어를 취하는 동사들

a	accepter [받아들이다]	accompagner [동반하다]	acheter [~을 사다]
	adorer [몹시 좋아하다]	aider [~을 돕다]	aimer [좋아하다]
	apporter [~을 가져오다]	apprendre [~을 배우다]	attendre [~을 기다리다]
b	boire [~을 마시다]		
c	cacher [~을 감추다]	casser [~을 깨뜨리다]	changer [~을 바꾸다]
	chercher [~을 찾다]	choisir [~을 선택하다]	comprendre [이해하다]
	continuer[계속하다]	croire [~을 믿다]	
d	décider [~을 결정하다]	demander[~을 요구하다]	
e	écouter [~을 듣다]	écrire [~을 쓰다]	envoyer [~을 보내다]
	espérer [~을 기대하다]	étudier [~을 공부하다]	expliquer [~을 설명하다]
f	faire [~을 하다]	fermer [~을 닫다]	fumer [~을 피다]
g	gagner [벌다, 승리하다]	garder [~을 지키다]	
i	inviter [~을 초대하다]		
m	manger [~을 먹다]	mettre [~을 넣다]	montrer [~을 보여주다]
o	offrir [~을 제공하다]	oublier [~을 잊다]	ouvrir [~을 열다]
p	payer [~을 지불하다]	porter [~을 입다]	prendre [~을 잡다]
	préférer [~을 선호하다]	préparer [~을 준비하다]	promettre [약속하다]
	proposer [~을 제안하다]		
q	quitter [~을 떠나다]		
r	raconter [~을 이야기하다]	ranger [~을 정리하다]	recevoir [~을 받다]
	regarder [~을 쳐다보다]	regretter [후회하다]	rencontrer [~을 만나다]
	répéter [~을 반복하다]		
s	savoir [~을 알다]	soigner [~을 돌보다]	suivre [~을 뒤쫓다]
t	terminer [~을 끝내다]	trouver [~을 발견하다]	
v	vendre [~을 팔다]	visiter [~를 방문하다]	vouloir [~을 원하다]
	voyager [~를 여행하다]		

문제 풀이

2. Vous venez de recevoir cette lettre. Répondez aux questions.
(당신은 이 편지를 막 받았습니다. 질문에 답하세요)

1) Qui a écrit cette lettre? : 이 편지를 누가 썼는가?

☐ Jean.
☐ Paul.
☒ Frédéric.

2) Comment est la maison de Paul? : 뽈의 집은 어떠한가?

☐ Elle est grande et jolie. [크고 예쁘다]
☒ Elle est petite et jolie. [작고 예쁘다]
☐ On ne sait pas. [알 수 없다]

3) Quel temps fait-il à Paris? : 파리 날씨는 어떠한가?

☐ Il pleut. [비가 온다]
☐ Il neige. [눈이 온다]
☒ Il fait beau. [날씨가 좋다]

4) Où est-ce qu'ils vont dîner? : 그들은 저녁을 어디서 먹을 것인가?

☐ Au restaurant japonais. [일본식당]
☐ Au restaurant chinois. [중국식당]
☒ Au restaurant coréen. [한국식당]

3. 방문에 관련된 내용

예 제

Salut les coréens!

Je m'appelle David. J'ai 22 ans et je suis étudiant à l'université du Havre en Normandie en France. J'ai commencé à apprendre le coréen en octobre dernier. Cela fait presque un mois que je vis en Corée et je dois avouer que j'adore votre pays! Je vis en famille d'accueil à Incheon. Ma famille d'accueil est très sympa. J'adore la nourriture coréenne et plus particulièrement le Kimbab et le Bibimbab.

Je souhaite vivement rencontrer des coréens et coréennes qui parlent anglais ou français si possible. Et je compte sur vous pour m'indiquer les endroits sympas à visiter.
A bientôt

David

3. David est un étudiant français et il est arrivé en Corée en tant que stagiaire. Répondez aux questions.

1) Depuis quand est-ce qu'il apprend le coréen?

☐ depuis le mois d'octobre.
☐ depuis le mois de novembre.
☐ depuis le mois de décembre.

2) Comment est Sa famille d'accueil?

☐ Elle est mécontente.
☐ Elle est sévère.
☐ Elle est sympathique.

3) Qu'est-ce qu'il pense de la nourriture coréenne?

☐ Il pense qu'elle est superbe.
☐ Il pense qu'elle est bizarre.
☐ Il pense qu'elle est dégoûtante.

해석 및 분석

청취내용

> Salut les coréens! 안녕하세요 한국 친구들!
>
> Je m'appelle David, j'ai 22 ans et je suis étudiant à l'université du Havre en Normandie en France. J'ai commencé à apprendre le coréen en octobre dernier. Cela fait presque un mois que je vis en corée et je dois avouer que j'adore votre pays! Je vis en famille d'accueil à Incheon. Ma famille d'accueil est très sympa. J'adore la nourriture coréenne et plus particulièrement le Kimbab et le Bibimbab.
> 내 이름은 다비드고 22살이고 프랑스의 노르망디 지방에 있는 아브르 대학 학생입니다. 나는 지난 10월에 한국어를 배우기 시작했어요. 내가 한국에서 생활한 지 한 달이 되어가는데 한국이 아주 좋습니다. 나는 인천에 있는 나를 받아준 가정집에서 살고 있어요. 나를 받아준 가족은 매우 친절합니다. 나는 한국 음식을 아주 좋아하는데 특히 김밥과 비빔밥을 아주 좋아해요.
>
> Je souhaite vivement rencontrer des coréens et coréennes qui parlent anglais ou français si possible. Et je compte sur vous pour m'indiquer les endroits sympas à visiter.
> 난 가능하다면 영어와 프랑스어를 할 줄 아는 한국 남녀들을 정말 만나고 싶어요. 그리고 구경할만한 좋은 장소를 내게 알려줄 것이라고 여러분을 믿어요.
> A bientôt
>
> David

1. 도시를 나타내는 명사의 경우 : 주로 남성형으로 취급된다.

Paris est grand. [파리는 크다]
Séoul est actif. [서울은 활동적이다]

- 오랜 전통에 따라 여성으로 취급되는 것 :
  Rome [로마], Athènes [아테네], Sparte [스파르타], Alexandre [알렉산드르] 등

- 관사를 붙이지 않는 것이 일반적이지만, 몇몇의 도시는 정관사를 포함하는 것들이 있다 :
  Le Havre [르 아브르], Le Mans [르망], La Rochelle [라호셸]

- 도시명의 관사가 혼동되는 경우, une ville de + 도시명사를 사용하기도 한다.

2. vivre

je	tu	il, elle	nous	vous	ils, elles
vis	vis	vit	vivons	vivez	vivent
살 다	Le blessé vit encore. [부상자가 아직 살아있다]				
생활하다	vivre à la campagne [교외에서 살다] vivre seul [혼자 살다]				

3. avouer

자백하다	Il a avoué son crime. [그는 범죄를 자백했다]
시인하다	J'avoue que j'étais un peu confus. [솔직히 난 좀 당황했었어]

4. la nourriture

양 식	la nourriture et le logement [숙식] se priver de nourriture [단식하다]

5. vivement

신속하게	expédier vivement son affaire [신속히 일을 처리하다]
열렬히	désirer qch vivement [~을 열렬히 갈망하다] vivement touché [깊이 감명받은]

문제 풀이

3. David est un étudiant français et il est arrivé en Corée en tant que stagiaire. Répondez aux questions.
(다비드는 프랑스 대학생으로서 견습생으로 한국에 도착했다. 질문에 답하시오.)

1) Depuis quand est-ce qu'il apprend le coréen: 그는 언제부터 불어를 배웠는가?

☒ depuis le mois d'octobre. [10월달부터]
☐ depuis le mois de novembre [11월달부터]
☐ depuis le mois de décembre [12월달부터]

2) Comment est la famille d'accueil? : 그를 받아준 가족은 어떠한가?

☐ Elle est méchante. [못됐다]
☐ Elle est sévère. [엄격하다]
☒ Elle est sympathique. [상냥하다]

3) Qu'est-ce qu'il pense de la nourriture coréenne?
: 한국 음식에 대해 어떻게 생각하는가?

☒ Il pense qu'elle est superbe. [아주 좋다고 생각한다]
☐ Il pense qu'elle est bizarre. [이상하다고 생각한다]
☐ Il pense qu'elle est dégoûtante. [맛이 없다고 생각한다]

QUATRIÈME PARTIE

구술평가(Production orale)

구술평가는 시험 응시자가 상황에 따라 얼마나 정확히 주어진 질문이나 상황에 답변을 하는가 하는 것을 평가하는 시험이다. 구술평가는 크게 다음 세 가지 부분으로 나뉘어진다.

CONTENT

QUATRIÈME PARTIE : Exercice 1 유형

신상에 관련된 문제

<table>
<tr><td rowspan="6">내 용</td><td rowspan="2">개인 및 가족에 대한 질문</td><td>가족 소개</td><td>결혼 여부
자녀 여부
자녀의 나이
형제, 자매의 유무
형제, 자매들의 직업
형제, 자매들이 살고 있는 곳</td></tr>
<tr><td colspan="2">국 적
직 업
이 름</td></tr>
<tr><td>일상생활에 관한 질문</td><td>하루 일과에 대한 설명</td><td>기상시간과 취침시간
식사시간과 음식 종류
귀가 시간
저녁에 하는 일</td></tr>
<tr><td>선호도</td><td>좋아하는 것에 대한 질문</td><td>음식 또는 스포츠
TV 프로</td></tr>
</table>

1. 개인적인 인적사항에 관한 내용

1. 이름에 관한 질문과 답변

당신의 이름은 무엇입니까?	제 이름은 X입니다
Quel est votre nom? C'est quoi, votre nom? Comment vous appelez-vous? Vous vous appelez comment?	Je m'appelle X.

2. 국 적

당신의 국적은 어디입니까?	나는 한국인 (프랑스인)입니다.
Quelle est votre nationalité? D'où venez-vous?	Je suis coréen(ne) (français(e)). Je viens de la Corée (France).

3. 나 이

당신의 나이는 얼마입니까?	나는 OO살입니다.
Quel âge avez-vous? (Vous avez quel âge?)	J'ai + 숫자 + ans. (J'ai 19 ans.)

4. 생년월일

당신의 생년월일은 언제 입니까?	나는 ___ 태어났습니다.
Quelle est votre date de naissance?	Je suis né(e) **au** 06 07 1961. Je suis né(e) **en** 1961.
당신은 언제 태어났습니까?	
Quand est-ce que vous êtes né(e)?	

5. 거주지

당신 어디에 사십니까?	나는 X에 살고 있습니다.
Où habitez-vous? (Vous habitez où?)	J'habite à + 도시 이름

6. 직업 또는 신분

당신의 직업은 무엇입니까?	나는 고등(대)학생입니다.
Quelle est votre profession? Qu'est-ce que vous faites (dans la vie)?	Je suis lycéen(ne) (étudiant).
	난 의사입니다.
	Je suis médecin.
	나는 병원에서 일합니다.
	Je travaille dans un hôpital.

7. 고 향

당신 고향은 어디입니까?	프랑스 출신입니다.
Quelle est votre ville d'origine? Quel est votre pays natal?	Je suis d'origine français(e).
어디에서 태어났어요?	~에서 태어났습니다.
Où est-ce que vous êtes né(e)?	Je suis né(e) à + 도시 이름

8. 결혼유무

결혼 하셨어요?	
Vous êtes marié(e)?	Oui, je suis marié(e). [예, 결혼 했습니다]
	Non, je suis célibataire. [아니오, 독신입니다]

9. 부모, 형제

부모님이 계세요?	Vous avez des parents?
형제나 자매가 있습니까?	Vous avez des frères et des sœurs?

10. 자녀관계

자녀가 있습니까?	예, 두 명 있습니다.
Avez-vous des enfants?	Oui, j'en ai deux.
몇 명의 자녀가 있습니까?	아들 하나, 딸 하나 있습니다.
Combien d'enfants avez-vous?	J'ai un garçon et une fille.

11. 가족 일원의 직업이나, 신분

당신 아버지는 일을 하십니까?	아니오, 정년 퇴직 하셨어요.
Est-ce que votre père travaille?	Non, il est à la retraite.
당신 어머니는 직업이 있으세요?	예, 간호사입니다.
Votre mère a un travail?	Oui, elle est infirmière.

■ 가족에 관계되는 어휘들

남성	여성	남성	여성
père [아버지]	mère [어머니]	oncle [삼촌]	tante [숙모]
frère [형제]	sœur [자매]	fils [아들]	fille [딸]
cousin [사촌(남)]	cousine [사촌(여)]	mari [남편]	femme [아내]
parents [부모]		grand-père [할아버지]	grand-mère [할머니]

■ 직업에 관계되는 어휘들

acteur [영화배우]	agent de police [경찰관]	vendeur [판매원]	garçon [종업원]
danseur [무용수]	chanteur [가수]	président [대통령]	médecin [의사]
professeur [선생님]	étudiant [학생]		

2. 일상 생활에 관한 내용

1. 기상시간과 취침시간

몇 시에 일어나십니까?	6시 반에 일어납니다.
Vous vous levez à quelle heure?	Je me lève à 6 h 30.
몇 시에 잠자리에 드십니까?	23시에 잠자리에 듭니다.
Vous vous couchez à quelle heure?	Je me couche à 23 h.

2. 식사시간

00식사를 몇시에 합니까?	00를 00시에 합니다.
Vous prenez le petit-déjeuner à quelle heure?	Je prends le petit-déjeuner à X.
prenez le déjeuner, déjeuner	Je déjeune à X.
prenez le dîner, dîner	Je dîne à X.

3. 식사메뉴

00식사에 무엇을 먹습니까?		빵 (샌드위치, 고기)를 먹어요.
Vous mangez quoi pour	le petit-déjeuner?	Je prends du pain.
	le déjeuner?	Je prends du sandwich.
	le dîner?	Je prends de la viande.

4. 교통편

어떻게 학교 (직장)까지 갑니까?	전철(버스, 기차)을 타고 갑니다.
Comment allez-vous à l'école (au travail)?	Je prends le métro (le bus, train).

5. 걸리는 시간

학교 (사무실)이 집에서 먼가요?	걸어서 10분 걸립니다.
Votre école (bureau) est loin de chez vous?	Ça prend 10 minutes à pied.

6. 학교 또는 직장의 시작 또는 끝나는 시간

수업 (일)이 언제 시작합니까?	수업 (일)이 몇 시에 끝이 납니까?
Le cours commence à quelle heure?	Le cours finis à quelle heure?
Votre travail commence quand?	Vous terminez le travail quand?

7. 귀가 시간

몇 시에 귀가하십니까?	19시에 귀가합니다.
À quelle heure rentrez-vous à la maison?	Je rentre à la maison à 19h.

3. 취미 또는 여가, 기호도에 관한 내용

1. 스포츠

어떤 스포츠를 좋아하십니까? Quel sport aimez-vous?	나는 테니스를 좋아합니다. J'aime beaucoup le tennis.
스포츠를 좋아하십니까? Vous aimez le sport?	Oui, j'adore ça. 예, 아주 좋아합니다. Non, je déteste ça. 아니오, 아주 싫어합니다.
운동을 자주 하십니까? Vous faites souvent du sport?	Une fois par jour. 일주일에 한번이요. Tous les matins. 매일 아침마다요.

2. 영 화

영화를 좋아하십니까? Vous aimez le cinéma?	예, 좋아합니다. Oui, j'aime bien ça.
	아니오, 안 좋아해요. Non, je n'aime pas beaucoup ça.
어떤 종류의 영화를 좋아해요? Quel genre de film aimez-vous?	모험 영화를 좋아합니다. J'aime les films d'aventure.
극장에는 혼자 가십니까? Vous allez au cinéma tout(e) seul(e)?	아니오, 친구들과 같이 갑니다. Non, j'y vais avec mes amis.

3. TV

TV를 자주 보나요? Vous regardez souvent la télé?	하루에 두시간 정도요. Deux heures par jour.
어떤 프로그램을 좋아하세요? Quel sorte de programme aimez-vous?	스포츠 시합 보는 걸 좋아해요. J'aime regarder les matchs de sport.

QUATRIÈME PARTIE : Exercice 2 유형

특정 어휘 설명에 관한 문제

<table>
<tr><td>질문내용</td><td>시험관이 핵심단어(mot-clé)가 쓰여져 있는 몇 개의 카드를 응시자에게 보여주면 응시자는 이 핵심단어가 지니고 있는 정확한 의미와 기능에 대해 응시자에게 질문을 해야 한다. 핵심단어는 주로 의미가 연관성이 깊은 것들로 구성될 가능성이 높다</td></tr>
<tr><td>유의사항</td><td>감독관과 질의응답을 할 때

◆ 솔직해야 한다.
감독관이 질문한 내용을 제대로 듣지 못했거나 이해가 되지 않은 경우, 반드시 (질문을 잘 이해하지 못했습니다. 다시 한번 말씀해 주시겠어요?: Je n'ai pas bien compris votre question. Vous pouvez répéter, s'il vous plaît?)라고 하여, 감독관의 질문 의도가 무엇인지를 정확히 아는 것이 중요하다. 질문의 내용을 제대로 이해하지 못했다는 것을 감추기 위해 질문의 내용도 잘 모르는 채 질문에 답변한다는 것은 오히려 엉뚱한 답변을 초래하는 우를 범할 수가 있다.

◆ 시선을 중시하라.
누군가와 대화를 할 때 상대방의 눈을 보지 않고 말을 하는 경우, 상대방에 대한 실례가 되고, 따라서 상대방의 기분을 상하게 하는 수가 있다. 응시자가 말한 내용과 관계되는 질문이 어휘나 문법 또는 적절한 표현을 사용했는지를 판단하는 언어학적 기준을 알아보려는 것 뿐 아니라, 대화하는 법과 같은 언어 외적인 측면 역시 질의응답 시 점수에 영향을 미칠 수 있는 중요한 요소라는 점을 잊지 말아야한다.</td></tr>
</table>

1. 학업에 관계되는 어휘들

une école [학교]	un étudiant [학생]	une chaise [의자]	un cahier [공책]
un sac [가방]	un professeur [선생]	un étudiant [학생]	un stylo [만년필]

1. un professeur [선생]

Vous : C'est quelqu'un qui enseigne les étudiants à l'école.
[학교에서 학생들을 가르치는 사람이다]

2. un(e) étudiant(e) [학생]

Vous : C'est quelqu'un qui apprend les matières comme le français et l'anglais par le professeur de l'école.
[학교 선생님으로부터 프랑스어와 영어와 같은 과목을 배우는 사람이다]

3. un sac [가방]

Vous : C'est un objet où on peut mettre beaucoup de choses dedans.
[안에다 많은 것을 넣어둘 수 있는 물건이다]

4. un stylo [만년필]

Vous : C'est un objet avec lequel on peut écrire.
[쓰는 데 사용하는 도구이다]

2. 후식, 음료수에 관계되는 어휘들

아이스크림	케익	치즈	커피	물	포도주
glace	gâteau	fromage	café	eau	vin

1. la glace [아이스크림]

Vous : C'est très sucré et surtout les enfants l'adorent. On mange ça beaucoup quand il fait chaud.
[아주 달콤하며 특히 아이들이 좋아한다. 날씨가 더울때 많이 먹는다]

2. le fromage [치즈]

Vous : On fait ça avec le lait du chèvre. Ça ne sent pas la rose mais c'est très bon.
[염소 젖으로 이것을 만든다. 냄새가 썩 좋은 것은 아니지만 맛은 좋다]

3. un café [커피, 커피숍]

Vous : C'est une sorte de boisson. En général, on boit ça après le repas. Certains disent que ce n'est pas bon pour la santé si on en prend beaucoup.
[음료수의 일종이다. 일반적으로 식사 후에 마신다. 어떤 사람들은 이것을많이 마시는 경우 건강에 좋지 않다고 말한다.]

4. de l'eau [물]

Vous : C'est une sorte de boisson. Il est indispensable pour vivre. La qualité de cette boisson devient de plus en plus mauvaise à cause de la pollution d'environnement.
[음료수의 일종이다. 살아가는데 있어 꼭 필요한 것이다. 이 음료수의 질은 환경오염 때문에 점점 나빠지고 있다.]

5. du vin [포도주]

Vous : On fait ça avec du raisin. La France est l'un des pays très célèbres qui vendent ce produit.
[포도를 가지고 이것을 만든다. 프랑스는 이 생산품을 파는 아주 유명한 나라들 중에 하나이다.]

3. 장소에 관계되는 어휘들

도서관	식당	우체국	교실	미술관
la bibliothèque	le restaurant	la poste	la classe	le musée

1. la biblothèque [도서관]

Vous : C'est un bâtiment qui se trouve dans l'université. Beaucoup d'étudiants y travaillent surtout quand il y a des examens.
[대학교 내에 있는 건물이다. 많은 학생들이 특히 시험이 있을 때 이 장소에서 공부를 한다]

2. le restaurant [식당]

Vous : C'est un endroit où les gens prennent le repas. On peut y goûter différentes cuisines mais en général, c'est cher.
[사람들이 식사를 하는 장소이다. 여기에서 많은 요리를 맛볼 수 있지만 값이 비싸다.]

3. la poste [우체국]

Vous : C'est un endroit où on peut envoyer une lettre ou une carte postale. Aussi, on peut y déposer de l'argent comme une banque.
[편지나 우편엽서를 붙이는 장소이다. 또한, 이곳에서 우린 은행처럼 돈을 저축할 수 있다.]

4. la classe [교실]

Vous : C'est un endroit où les étudiants assistant à des cours.
[학생들이 수업을 듣는 공간이다.]

5. le musée [미술관]

Vous : C'est une espace culturelle et on peut y voir beaucoup de tableaux.
[이곳은 문화적 공간이며 많은 그림 작품들을 볼 수 있다.]

4. 가족에 관계되는 어휘들

남 성	여 성	남 성	여 성
grand-père [할아버지]	grand-mère [할머니]	père [아버지]	mère [어머니]
frère [형제]	soeur [누이]	mari [남편]	femme [부인]
garçon, fils [아들]	fille [딸]	oncle [삼촌]	tante [숙모]
cousin [사촌]	famille [가족]	maman [엄마]	parents [복수:부모님]

1. grand-père [할아버지]

Vous : C'est le père de mon père. [나의 아버지의 아버지다]

2. grand-père [할머니]

Vous : C'est la mère de mon père. [나의 아버지의 어머니다]

3. père [아버지]

Vous : C'est le fils de mon(ma) grand-père(grand-mère).
[내 할아버지 (할머니)의 아들이다]
C'est le mari de ma mère. [내 어머니의 남편이다]
C'est le frère de mon oncle. [내 삼촌의 형제다]

4. mère [어머니]

Vous : C'est la fille de mon(ma) grand-père(grand-mère).
[내 할아버지 (할머니)의 딸이다]
C'est la sœur de mon(ma) oncle(tante).
[내 삼촌 (고모)의 누이다]
C'est la femme de mon père.
[내 아버지의 아내다]

5. oncle [삼촌]

Vous : C'est le frère de mon(ma) père(mère).
[내 아버지(어머니)의 동생이다]

C'est le père de mon(ma) cousin(cousine).
[내 사촌의 아버지다]

6. tante [이모, 고모]

Vous : C'est la fille de mon(ma) grand-père(grand-mère).
[내 할아버지(할머니)의 딸이다]
C'est la sœur de mon(ma) père(mère).
[내 아버지(어머니)의 누이다]
C'est la femme de mon oncle. [삼촌의 아내다]
C'est la mère de mon(ma) cousin(cousine). [사촌의 엄마다]

7. cousin(e) [사촌]

Vous : C'est le petit-fils(la petite fille) de mes grands-parents.
[할아버지, 할머니의 손자(손녀)다]
C'est le fils(la fille) de mon(ma) oncle(tante).
[삼촌(고모)의 아들(딸) 이다]

5. 교통에 관계되는 어휘들

aéroport [공항]	arrêt [정류장]	avion [비행기]	billet [표]
bus [버스]	chemin [길]	départ [출발]	gare [기차역]
métro [지하철]	route [길]	station [지하철역]	taxi [택시]
train [기차]	voyage [여행]	vitesse [속력]	

1. l'avion [비행기]

Vous : C'est un transport le plus rapide du monde. Il vole dans le ciel et ça coûte très cher.
[세상에서 제일 빠른 교통수단이다. 하늘을 날며 값이 매우 비싸다]

2. le train [기차]

Vous : C'est un transport que les gens utilisent souvent quand on voyage le pays. C'est rapide, confortable et ça coûte moins cher que l'avion.
[나라를 여행할 때 사람들이 많이 사용하는 교통수단이다. 빠르고 편하며 비행기보다 값이 싸다]

3. le bus [버스]

Vous : C'est un transport en commun et on l'utilise dans une ville. On risque d'être en retard au rendez-vous s'il y a du bouchon.
[대중교통수단이며 시내에서 이용한다. 교통이 혼잡하면 약속시간에 늦을 수 있다]

4. le taxi [택시]

Vous : C'est aussi un transport qu'on prend dans une ville. C'est beaucoup plus cher que le bus.
[역시 시내에서 사람들이 이용하는 교통수단이다. 버스보다 많이 비싸다]

5. le bâteau [배]

Vous : C'est un transport qu'on peut voir dans le fleuve ou la mer. Il y a des croisières célèbres comme <Titanic>. C'est beaucoup moins rapide que l'avion mais plus romantique.
[강이나 바다에서 볼 수 있는 교통수단이다. <타이타닉>과 같은 유명한 유람선들이 있다. 비행기보다 훨씬 느리지만 더 낭만적이다]

QUATRIÈME PARTIE : Exercice 3 유형

역할을 통한 실제 대화 상황에 관한 문제

내 용	- 식당(카페)에서 손님과 점원 - 상점에서 손님과 점원 - 시장에서 손님과 상인 - 병원에서 의사와 환자
핵 심	- 응시자와 감독관이 역할을 분담하여 주어진 상황에 얼마나 정확한 표현을 구사하는지를 평가

1. 식당(카페)에서 손님과 점원

1. Dans un restaurant 식당에서

Le serveur	Bonsoir, monsieur. Qu'est-ce que vous voulez prendre? 안녕하세요, 선생님. 무엇을 드시겠어요?
Le client	La carte, s'il vous plaît! 메뉴판을 가져다 주세요!
Le serveur	La voilà! 여기에 있습니다!
Le client	Je voudrais un steak-frites, s'il vous plaît! 튀김감자와 스테이크를 먹을께요!
Le serveur	Qu'est-ce que vous prenez comme dessert? 후식으로는 무엇을 드시겠어요?
e client	Je vais prendre de la glace. 아이스크림을 먹을께요.

2. Dans un café 카페에서

Le garçon	Bonjour, madame. Vous désirez? 안녕하세요, 부인. 무엇을 드시겠어요?
Marie	Je prends un jus d'orange, s'il vous plaît. 오렌지 쥬스 주세요.
Le garçon	Désolé madame, mais on n'a plus de jus d'orange. 유감스럽지만 오렌지 쥬스가 다 떨어졌거든요.
Marie	Ah bon? Alors, je prendrai un thé. 아 그래요? 그럼 차 주세요.
Le garçon	D'accord. 알겠습니다.

2. 상점에서 손님과 점원

1. Dans un magasin 옷가게에서

La vendeuse	Bonjour, madame. Je peux vous aider? 안녕하세요, 부인. 도와드릴까요?
La cliente	Oui, je voudrais acheter un pantalon. 예, 바지를 사고 싶은데요.
La vendeuse	Quelle est votre taille? 치수가 어떻게 되시죠?
La cliente	Je fais du 42. Est-ce que je peux essayer ça? 42를 입어요. 저거 입어봐도 될까요?
La vendeuse	Bien sûr, madame. La cabine est à droite. 물론이죠. 탈의실은 오른쪽에 있어요.
La cliente	Alors, qu'est-ce que vous en pensez? 어떻게 생각하세요?
La vendeuse	Elle vous va très bien. 부인께 잘 어울리는데요.
La cliente	Moi aussi, ça me plaît beaucoup. C'est combien? 내 마음에도 들어요. 얼마죠?
La vendeuse	100 euros madame. 100유로입니다.

2. À la boulangerie 빵가게에서

Le boulanger	Bonjour monsieur. Qu'est-ce que vous voulez? 안녕하세요. 무엇을 원하시죠?
Le client	Je voudrais une baguette et un croissant. 바게뜨하고 크루와쌍 주세요.
Le boulanger	Vous ne voulez pas ce pain au chocolat? 초코렛 빵은 원하지 않으세요?
Le client	Est-ce que c'est bon? 맛있어요?
Le boulanger	Mais oui, monsieur. D'ailleurs, ce n'est pas cher. 물론이죠. 게다가 비싸지도 않아요.
Le client	Est-ce que je peux goûter? 맛을 볼 수 있을까요?
Le boulanger	Aucun problème. 물론이죠.

3. Au marché 시장에서

Le vendeur	Bonjour, madame. Je peux vous aider? 안녕하세요, 부인. 도와드릴까요?
Anne	Oui. Je voudrais un kilo de tomates et un melon. 예, 토마토 1킬로하고 메론 하나 주세요.
Le vendeur	Tenez! 여기 있습니다!
Anne	Et les pommes, ça coûte combien? 사과는 얼마씩이죠?
Le vendeur	12 euros le kilo. 1킬로에 12유로에요.
Anne	Comment? mais c'est trop cher! 뭐라구요? 너무 비싸군요!
Le vendeur	Mais, elles sont délicieuses! 하지만 아주 맛이 있어요!
Anne	Vous pouvez me faire un prix? 값을 좀 깎아주실 수 있으세요?
Le vendeur	Je suis désolé, mais c'est un prix fixé. Vous ne voulez pas ces pêches? 유감이지만 이게 딱 정가입니다. 복숭아는 원하지 않으세요?
Anne	Elles sont bonnes? Je peux goûter? 맛있어요? 맛봐도 돼요?

4. Dans un hôpital 병원에서

Le médecin	Alors, Qu'est-ce que vous avez monsieur? 그래 무슨 일이시죠?
Le patient	J'ai mal partout. 온 몸이 아파요
Le médecin	Qu'est-ce que vous avez fait hier? 어제 뭐 하셨죠?
Le patient	J'ai rencontré mes amis et on a joué au tennis sous la pluie. 친구들을 만나서 비를 맞으며 테니스를 쳤어요.
Le médecin	Vous avez de la fièvre? 열이 있어요?
Le patient	Oui. Surtout j'ai mal à la tête. 예, 특히 머리가 아파요.
Le médecin	Vous avez attrapé la grippe. Vous prenez les médicaments et il faut vous reposer. 감기에 걸리셨네요. 약을 먹고 쉬어야 합니다.

저자 정일영

인하대 불어불문학과 졸업
프랑스 파리 8대학 대학원 졸업
프랑스 파리 8대학 박사준비과정 수료
언어학 박사학위 취득
현재 인하대학교 출강, 충북대학교 출강
EBS 수능 프랑스어 강의
저서 프랑스어 문법(공저)
프랑스어 말소리 갈(공저)
디지털로 배우는 프랑스어 회화
(Rendez-vous avec la français)
대학 프랑스어 회화
DELF A1, DELF A2
기초 프랑스어
삐딱이가 본 삐딱한 세상(수필)
생활속의 프랑스어 회화
똥찌개와 까까

LE NOUVEAU DELF A1-*Junior*

1판 1쇄 찍음 • 2006년 7월 25일
1판 1쇄 펴냄 • 2006년 7월 31일

저 자 • 정 일 영
발행인 • 정 현 걸
발 행 • 신 아 사
인 쇄 • 남양인쇄사

출판등록 • 1956년 1월 5일 (제9-52호)
서울특별시 은평구 녹번동 28-36 2F
전화 (02)382-6411 • 팩스 (02)382-6401
홈페이지 • www.shinasa.co.kr
E-mail • shinasa@chol.com

ISBN 89-8396-540-1

정가 *15,000*원(CD포함)